Sarah Knigh

FAIS comme TU le SENS

La méthode pour affirmer ce que l'on veut et assumer qui l'on est

Traduit de l'anglais (États-Unis) par Aude Sécheret

Publié pour la première fois aux États-Unis en novembre 2017 par Little, Brown and Company, un département d'Hachette Book Group, Inc, sous le titre *You Do You*.

Aujourd'hui, tu es toi !
Rien n'est plus vrai que cela !
Il n'y a personne ici-bas
Qui soit plus toi que toi.

Dr. Seuss

SOMMAIRE

2e PARTIE
FAIS PAS CI, FAIS PAS ÇA : RÈGLES POUR BRISER LES RÈGLES
55

3e PARTIE
PROPHÉTIES ET PROMESSES : DE GRANDES ESPÉRANCES (OU PAS)
145

EH OUI, IL ME RESTE ENCORE DES TRUCS À VOUS DIRE !

La vie s'améliore de manière exponentielle quand on décide de se foutre du qu'en-dira-t-on et de faire ce qu'on a vraiment envie de faire. Ça, je le sais parce que j'ai écrit deux livres sur le sujet et qu'ils ont beaucoup plu à plein de monde – et même à des Allemands ! Peut-être comptez-vous parmi ces gens, ou parmi ces Allemands… ? Si c'est le cas, vous savez que mon premier opus, *La magie du «j'en ai rien à foutre»*, a appris à ses lecteurs à dire non, à poser des limites et à cesser de gaspiller leur temps, leur énergie et leur argent dans des activités qui ne les rendent pas heureux.

Ce bouquin leur aura apporté la **LIBERTÉ**.

Le deuxième, *Arrête de déconner !*, a appris aux gens à se fixer des objectifs et à les atteindre.

Celui-là leur aura fourni des **ARMES**.

Mais ce qu'il y a de merveilleux avec ces deux livres (en dehors de me maintenir durablement en vie sur les réseaux sociaux, à travers la publication régulière de schémas de la plus haute utilité), c'est surtout que leur succès m'a permis d'écrire celui-là, celui que vous tenez entre vos mains à cet instant.

Ce livre-là, il vous fait prendre le **POUVOIR**.

Et au risque de vous retourner le cerveau dès le départ, ce que je vais faire en tout premier lieu, c'est vous révéler le fait le plus bouleversant qu'il m'ait été donné de découvrir à travers une maxime que je considère, personnellement, comme mon Grand Œuvre. La Joconde du développement personnel. Votre nouvelle arme secrète.

Comme le disaient en leur temps* les Destiny's Child... roulements de tambour...

* Et en leur langue (N.d.T.).

IL N'Y A RIEN

QUI CLOCHE CHEZ VOUS.

Et bim ! Alors ? Vos poils des avant-bras ? Ils sont au garde-à-vous, pas vrai ? Et vous entendez les chœurs des anges résonner dans la pièce d'à côté, je parie ! Est-ce qu'il vous faudrait une douche froide pour calmer les frissons qui vous parcourent l'échine ?

Impeccable. C'est exactement l'effet recherché.

Sauf si... attendez, attendez. Peut-être qu'en fait, vous avez levé les yeux au ciel, en vous disant : « Cette femme n'a apparemment jamais parlé à mes parents, mes patrons, mes collègues ou mes ex, qui pourraient lui dire, très précisément, ce qui cloche chez moi. Elle n'a pas non plus passé le moindre coup de fil aux crétins qui me martyrisaient à l'école, à mes profs, à mes entraîneurs, parce qu'ils savent tous un peu pourquoi je n'ai pas confiance en moi, pourquoi je reste focalisé sur mes défauts et pourquoi j'ai l'impression que je ne vaux pas tripette. »

Stop ! Ne soyez pas si dur avec vous-même.

Et, d'accord, si vous insistez, il y a peut-être un truc ou deux qui clochent chez vous. Vous rêvez d'être plus organisé ? De mieux gérer votre argent ? Vous m'en direz tant ! Ce livre s'intitule *Fais comme tu le sens*, pas *Fais comme ferait un être surhumain* !

Ce livre, intitulé donc *Fais comme <u>TU</u> le sens*, vous aidera à accepter vos qualités et vos défauts. Même si lesdits défauts ne sont considérés comme tels que par vous. Ou même si à l'inverse, c'est votre entourage qui vous les reproche, sans qu'ils vous posent aucun problème à vous, personnellement. Ce qui est rare. Ce que j'aurais pu écrire, c'est que ces soi-disant défauts ne vous poseraient aucun problème à vous, personnellement, si vous aviez un peu plus confiance en vous, et si vous vous inquiétiez un peu moins de l'opinion des gens à votre égard.*

Bref, vous avez l'air d'être quelqu'un de bien. J'ai un sixième sens pour ces trucs-là. Donc, au moins le temps que vous lisiez les trois cents pages suivantes, je persiste et signe : à moins que vous ne soyez un tueur en série ou une de ces personnes qui essayent de lancer une ola quand personne n'est dans cet état d'esprit, **il n'y a rien qui cloche chez vous.**

Mais alors, vous demandez-vous peut-être, *pourquoi est-ce que j'ai acheté un livre de développement personnel ?*

Excellente question ! Vous êtes quelqu'un de bien *et* d'intelligent. J'adore !

Et je vais répondre à votre question : ce qui cloche bel et bien – et ce que cet excellent guide anti-prise de tête compte bien aborder –, c'est **la manière dont la société nous accable de conventions, d'attentes et de « normes » arbitraires**. Ce faisant, nous sommes nombreux à lutter de toutes nos forces contre cette **pression insidieuse et étouffante à nous conformer** – pour ensuite passer plein de temps à nous autoflageller au point d'être convaincus qu'il y a quelque chose qui cloche chez *nous* ! C'est ainsi que nous nous ruons chez les libraires, dans les séminaires, dans les salles de sport, dans des groupes de régime qui n'ont rien à envier aux pires des sectes, et chez des conseillers en étiquette ou des chirurgiens plasticiens, à la recherche de solutions pour résoudre des « problèmes » que nous n'avons même pas.

Vous savez de quoi je parle, et vous savez que ce sont des conneries.

---

* Ce livre a failli s'intituler *Vis ta vie comme un connard*, mais j'en ai marre qu'un certain journal implanté à New York refuse d'imprimer mes titres noir sur blanc. Mais ne vous inquiétez pas. J'ai gardé mon langage fleuri, bordel de merde !

Alors sachez, mes petits chatons, que c'est précisément pour cette raison que je vous ai réunis aujourd'hui : même s'il n'y a rien qui cloche chez vous, nous vivons dans une culture qui, à chaque instant, Y COMPRIS LÀ TOUT DE SUITE, vous amène peut-être à la conclusion inverse.

***

Quand j'étais gamine, on se moquait de moi parce que j'étais première de la classe, que je riais trop fort, et parce qu'à une fête de fin d'année, au collège, j'avais chanté en yaourt « Hey, Buster, move ! » sur le tube « Bust a Move » de Young MC. Moi, je ne voyais pas où était le problème, j'avais un oncle qui s'appelait Buster, et puis quoi, vous n'avez jamais chanté en yaourt, vous ? Les mômes peuvent être de *vrais* sales cons.

En résumé, quoi que je fasse, ce n'était jamais assez bien pour mes petits camarades. Le troupeau avançait dans une direction et, pour ma part, j'essayais de remonter le courant. Comme un buffle. Avec un complexe du saumon. Bon, cette dernière métaphore prouve une chose, tout de même : on ne peut pas nier que j'ai une drôle de manière de voir les choses.

Mais pourquoi est-ce que les autres ados se focalisaient là-dessus, à ce point-là ?

Et pourquoi, une fois à l'âge adulte, on continue à se soucier de ce que font les autres, **de leurs petites manies, des risques qu'ils peuvent prendre, ou de leurs choix de vie peu conventionnels** (comme décider de ne pas engendrer, eux-mêmes, de nouveaux sales gosses) ?

La réponse : on ne devrait justement pas le faire ! Mais les gens qui s'en soucient ne sont pas en train de lire ce livre, alors ce n'est pas à eux que je m'adresse, c'est à vous. Je ne peux pas les changer, et – juré craché – je ne suis pas non plus en train d'essayer de vous changer, vous.

Là où j'interviens, c'est dans la manière dont vous *vivez* cet état de fait et dans la manière dont vous vous percevez, *vous*. (Si toutefois vous en avez envie. Je ne vous mets pas la pression.) Ça fait longtemps que j'ai commencé à appliquer, pour moi-même, les conseils que je vais vous donner, et sur moi, ça fonctionne très bien. En vérité, *Fais comme tu le sens* est sans doute mon livre le plus personnel, en termes de Victoires Épiques contre les Aléas de la Vie. Pourtant, il est sans doute aussi le plus universel. Après tout, qui n'a pas juste envie d'être soi-même et de passer simplement ses journées de la manière qui lui convient le mieux ?

Qui ? Alors ? Y a quelqu'un ? Ohé ! du bateau !

Voilà.

Pas besoin d'avoir été humiliée à une fête de collège pour comprendre la douleur véhiculée par les jugements ou ressentir l'obligation de se conformer. Cela peut se produire à tout âge et dans n'importe quelles circonstances – comme quand vous allez vous installer dans une nouvelle ville, que vous vous reconvertissez, ou que, du fait d'un mariage, vous atterrissez dans une nouvelle famille. Peut-être que vous êtes anticonformiste de naissance. Peut-être que vous êtes extrêmement érudit. Peut-être qu'un jour, vous avez porté des motifs écossais ET des rayures et que vous avez trouvé ça joli. Dieu vous protège !

Peu importe la raison précise. Si vous avez choisi ce livre parce que vous vous sentiez **différent, incompris, frustré ou forcé à certaines choses** par vos parents, frères et sœurs, voisins, colocataires, patrons, collègues, plans cul, amoureux, ou par la société en général, je suis désolée pour vous, mais vous avez frappé à la bonne porte.

Et cela vous semblera peut-être un défi de taille, mais en plus de vous aider à vous accepter tel que vous êtes, je vais vous aider à prendre confiance en vos croyances, en vos opinions, en votre apparence, en vos objectifs et en tout ce qui fait que vous avez trop la classe. Parce que toutes les particularités (défauts inclus, si, si) qui font de vous la personne que vous êtes, sont aussi celles qui vous donnent **de l'intérêt, du talent et du pouvoir**, le tout à votre propre sauce.

Il vous suffit de les assumer.

« FAIRE COMME ON LE SENT », QU'EST-CE QUE ÇA VEUT DIRE ?

Les conseils que je donne dans ce livre peuvent se résumer à cette phrase toute simple : **battez-vous pour être qui vous êtes et obtenir ce que vous voulez.** Et comment parvient-on à faire cela ? **En arrêtant de laisser quiconque nous dicter ce que nous avons à faire, comment nous devrions le faire, ou nous expliquer pourquoi il nous sera impossible d'y parvenir.***

Chaque chapitre de *Fais comme tu le sens* vous explique pourquoi et comment **vivre votre vie selon vos propres envies.** On y parle :

- de la Tyrannie du « Parce Que C'Est Comme Ça »
- du Minimum Syndical de la Vie – et pourquoi vous méritez mieux
- des DBM (ce que vous désirez, ce dont vous avez besoin, et ce que vous méritez)

* Oui, j'admets que c'est assez ironique que quelqu'un comme moi, quelqu'un qui gagne sa vie en expliquant aux autres comment vivre la leur, tienne ce genre de propos. Mais ce n'est pas en suivant gentiment les règles que je suis devenue une anti-gourou qui écrit des best-sellers...

- du contrat social, de son utilité et de ses échecs
- des gens qui doutent, les gens qui haïssent, et autres juges à l'emporte-pièce
- de la transformation de vos défauts en forces – alias « rénovation mentale »
- du fait d'être égoïste parfois, de renoncer à la perfection, de savoir se montrer « casse-couilles », et bien plus encore !

1re partie : « Vous êtes ici : petit exercice d'orientation »

Dans cette section, je vous présente le fameux « contrat social » – une série de règles, d'attentes et d'obligations tacites mais très puissantes, qui ne vous rendent pas nécessairement service. Je dresse ensuite une liste de quinze de ses clauses les plus néfastes, auxquelles j'attacherai divers amendements, sur lesquels s'appuiera tout le reste de ce livre. Fantaisiste ? Résolument. Une manière stylée d'organiser mes pensées et de déployer mes arguments ? Ouaipe. Aussi.

2e partie : « Fais pas ci, fais pas ça : Règles pour briser les Règles »

Ici, nous allons nous pencher sur le genre de règles que vous avez apprises en maternelle et qui ne s'appliquent pas nécessairement à la vie d'adulte, comme « Ne sois pas égoïste » et « Faut pas la jouer perso ». Je vous montrerai comment faire plier (ou tout bonnement briser) certaines de ces règles dans le but d'améliorer votre vie sans pour autant foutre en l'air celle des autres (c'est important, tout de même).

3e partie : « Prophéties et promesses : de Grandes Espérances (ou pas) »

C'est dans cette partie que vous apprendrez à ignorer ou carrément contredire les gens qui ont le toupet de vous dire ce qui se passera ou ce que vous ressentirez une fois que vous aurez entériné *vos propres* choix de vie. Dans le chapitre intitulé « Tu le regretteras », je vous parlerai de ce qui se passe quand vous prenez des décisions qui semblent couler de source mais que votre entourage voit d'un mauvais œil. Dans « C'est pas comme ça qu'on arrive à quoi que ce soit », je vanterai les mérites du pessimisme, en ce qu'il pourra vous aider à planifier les choses et à éviter les déceptions majeures – ce sont vos espérances qu'il s'agira, là, de ménager.

4e partie : « Tu devrais peut-être... : les bons conseils des bonnes gens bien intentionnées »

Si vous en avez par-dessus la tête de vous acquitter d'obligations sociales idiotes et absurdes – comme être avenant, mince, avoir l'air soumis ou sain d'esprit –, alors cette quatrième partie figure noir sur blanc sur l'ordonnance prescrite par votre généraliste. Dans « Tu devrais sourire un peu plus souvent », je vous expliquerai pourquoi vous n'avez pas à être gentil en toutes circonstances, et dans « T'as un côté un peu trop foufou », je vous raconterai ce merveilleux souvenir, de la fois où j'ai planqué dans mon bureau une litière pour chat et dix litres de sable magique en espérant que personne ne le remarque. Alors qu'aujourd'hui... j'en ferais un post viral sur les réseaux sociaux. Parce que j'ai compris, enfin, que rien ne m'oblige à parler ou agir d'une façon qui me prive de mon authenticité.

Et vous, c'est pareil !

***

J'ai écrit *Fais comme tu le sens* pour les gens comme moi, qui veulent juste faire leur truc de leur côté et arrêter de se laisser gangrener par les remises en question, les analyses et les jugements que les autres ont à porter sur leurs désirs, leurs motivations, leurs avis et leurs choix. **C'est un livre pour les inadaptés, les rebelles, les canards boiteux et les licornes.** Pour les gens qui veulent se marier habillés en vert ou manger leurs céréales avec du piment ; pour les gens qui préfèrent rester célibataires dans une culture qui fétichise les vidéos ultra-élaborées de demande en mariage ; pour les gens qui quitteraient la fac de médecine pour ouvrir un dispensaire de marijuana thérapeutique.

*Shine on, you, crazy diamond !**

Je l'ai écrit pour toutes celles et tous ceux d'entre nous qui se sentent obligés de suivre des règles, de répondre à certaines attentes et de s'acquitter de certaines obligations – sans y

* « Ne cesse jamais de briller, toi, le diamant fou.. » L'auteure fait ici allusion à la célèbre chanson de Pink Floyd, « Shine on, you crazy diamond », sortie sur l'album *Wish You Were Here* en 1975, hommage clair à leur ancien leader Syd (Shine You Diamond) Barrett qui avait sombré dans la folie sans doute à cause de sa consommation répétée de LSD pendant les années 1960 (N.d.T.).

trouver la moindre satisfaction. Je l'ai écrit pour les mômes, pour les étudiants, pour les parents, pour les retraités et pour les grands-mères qui ont quitté leur époux après quarante ans de mariage pour passer leurs vieux jours avec une « amie » qui s'appelle Marie. Je l'ai écrit pour les lecteurs de mes livres précédents mais aussi pour les gens qui n'ont jamais entendu parler de « Sarah Knight, cette anti-gourou qui lâche huit insanités à la minute ».

Et, pour finir, je l'ai écrit parce qu'être vous-même, cela devrait être la chose la plus facile au monde : se réveiller le matin, vérifier dans le miroir qu'on est toujours bien la même personne, et commencer sa journée. Et pourtant, on est tellement nombreux à avoir du mal à le faire – enfants, adultes, ou grands-mères lesbiennes. Nous avons réussi à nous convaincre nous-mêmes (ou nous avons laissé d'autres gens nous convaincre) qu'il y a quelque chose qui cloche chez nous. Nous manquons de confiance en notre individualité et nous nous sentons contraints de nous conformer, de devenir comme tout le monde, de « pallier » nos « défauts », et de suivre à la lettre la ligne du parti de la Kultur.

Et s'il n'y avait rien, qui clochait chez nous ? **Et s'il n'y avait vraiment rien de rien qui clochait chez VOUS ?**

C'est le postulat sur lequel se fonde ma réflexion, et je vous assure que plus rafraîchissant, tu meurs.

Alors au lieu d'essayer de vous changer, réjouissons-nous de l'existence de la personne que vous êtes, dans tout ce que vous avez de bizarre, de casse-couilles, d'égoïste, d'imparfait, d'antisocial, de surexcité, d'unique et de non conventionnel. Domptons un peu ces défauts, pour en faire des atouts. Et remettons à leur place une bonne fois pour toutes les gens qui doutent et les haineux qui vous ont fait croire que votre cas nécessitait l'achat d'un livre de développement personnel.

Je crache pas dans la soupe, hein, je suis contente que vous ayez acheté mon bouquin. Mais qu'ils aillent se faire foutre. Vous allez voir, c'est génial, d'être vous !

1re PARTIE

VOUS ÊTES ICI : PETIT EXERCICE D'ORIENTATION

Petite, je savais très bien tester la patience de mes parents. Je pense qu'ils ont contemplé le doux rêve de m'étouffer avec ma couverture-doudou à plusieurs reprises, en particulier quand je refusais d'accepter une réponse négative. Sans déconner, j'étais comme un chien avec son putain de nonos. Au bout d'un moment, leur patience bien entamée et leurs réponses habituelles déjà toutes écumées, Maman et Papa finissaient par me répondre : « Parce que c'est comme ça. »

Comme dans :

— On peut aller au parc d'attractions aujourd'hui ? S'il vous plaîîîîîîît !!!
— Non.
— Mais pourquoi ?
— Parce qu'il est trop tard.
— D'accord, alors on peut y aller demain ?
— Non.
— Pourquoi ?
— Demain c'est fermé.
— Et après-demain, alors ?
— Non !
— Mais pourquoi ??
— PARCE QUE... C'EST COMME ÇA !

À quoi je répondais : « Mais pourquoi c'est comme ça ? »

Oui, j'étais la pire des chieuses, mais il s'avère que je tenais là quelque chose de très important. J'avais découvert la **Tyrannie du « Parce Que c'Est Comme Ça »** et refusé de m'y soumettre.

Toute ma vie, ensuite, j'ai continué à rétorquer : « Mais pourquoi c'est comme ça ? », et pas seulement quand on me privait de barbe-à-papa et de grande roue. Par exemple, les expressions « à l'aise en société », « optimiste » et « reine des copines » ne me décrivent pas le moins du monde, alors pourquoi faudrait-il que j'assiste à la teuf de l'année *pour la simple raison* que j'y ai été invitée, et parce que c'est comme ça ? Pourquoi faudrait-il que je regarde le bon côté des choses *pour la simple raison* que quelqu'un m'a conseillé de le faire, et parce que c'est comme ça ? Et pourquoi est-ce que tout le monde voudrait que je fasse des gosses *pour la simple raison* que tous mes potes en fabriquent ces temps-ci, et parce que c'est comme ça ?

Ah mais la tyrannie !

Le plus grand obstacle au bonheur de faire comme vous le sentez, et d'être vous-même, c'est de faire ceci ou cela *parce que c'est comme ça* que font tous les autres, ou encore *parce que c'est comme ça* que les gens ont toujours fait. Et quand vous reniez votre nature même *parce que c'est comme ça* que font les autres, et que vous voulez être comme eux, vous vous tirez une **PUTAIN DE GROSSE BALLE DANS LE PIED**.

Pourquoi, mais pourquoi vous faites ça ? Pourquoi c'est comme ça ?

Fais comme tu le sens s'attaque à cette espèce de monolithe qu'est la Tyrannie du « Parce Que C'Est Comme Ça » et pas seulement pour les nullipares antisociales et pessimistes comme moi : ce livre s'adresse à tous. Il propose des idées, des conseils, et des sujets de discussion auxquels vous référez la prochaine fois que vous ressentez le besoin de justifier vos choix de vie, que ce soit vis-à-vis de vous-même, de vos parents, ou d'un serveur qui considère qu'un steak bien cuit est « une insulte à la bête ».

(Fais comme tu le sens, mon pote. Mais si mon steak est servi à point, tu prends le risque d'écoper d'un pourboire encore plus insultant que ma commande.)

Au menu de cette première partie, on glosera sur **la personne que vous êtes et sur les raisons pour lesquelles vous lisez ce livre** ; je vous poserai des questions sur vos désirs, vos besoins et vos mérites ; et je décrirai une maladie qui ne figure pas encore dans les dictionnaires de médecine (alors qu'elle y aurait carrément sa place), et dont *Fais comme tu le sens* constitue le remède.

Puis nous nous pencherons sur le contrat social et je vous dirai ce qu'il y a de bon à prendre en lui, tout en pointant un à un les éléments auxquels vous ne devez pas adhérer, quand, pourquoi et comment. Dans ce « comment » – dans la manière de procéder pour se libérer de certains aspects du contrat social –, on fera un peu de « rénovation mentale », le compagnon idéal du désencombrement mental qui a fait le succès de mes deux premiers livres. Il s'agit d'un processus simple et sans douleur grâce auquel nous transformerons nos défauts (ou ce que d'autres gens considèrent comme tels) en atouts. Cela vous permettra, au minimum, d'ignorer ceux qui doutent de vous, de faire taire ceux qui disent du mal de vous, et d'être vous-même, à fond la caisse, avec le même enthousiasme avec le même enthousiasme qu'un Bill Clinton devant un tas de ballons de baudruche. Sous ecsta. Avec ses stagiaires.*

Enfin, nous nous pencherons sur **le terme « non conventionnel »**, et découvrirons pourquoi il s'agit d'une étiquette un peu fourre-tout qui ne veut pas dire grand-chose, et qui se retrouvera pourtant en filigrane dans chaque page de ce livre.

Ah, une dernière chose. Il y a un truc qui me tient particulièrement à cœur, c'est la cohérence, et je sais pertinemment qu'un bon schéma un peu marrant est toujours du meilleur effet. Alors voilà un avant-goût visuel de tout ce que cette première partie a à vous offrir. (C'est juste une illustration, hein, pas une excuse pour sauter des pages. N'allez pas vous imaginer des trucs.)

---

* Lors de la campagne d'Hillary Clinton en 2016, des ballons ont été lâchés sur scène à la fin d'un discours qu'elle a prononcé, et son époux avait l'air extrêmement enthousiasmé par le spectacle – au point de refuser de donner son ballon à une petite fille. https://www.youtube.com/watch?v=de2_9ukapkM (N.d.T.).

FAITES-VOUS COMME VOUS LE SENTEZ ?

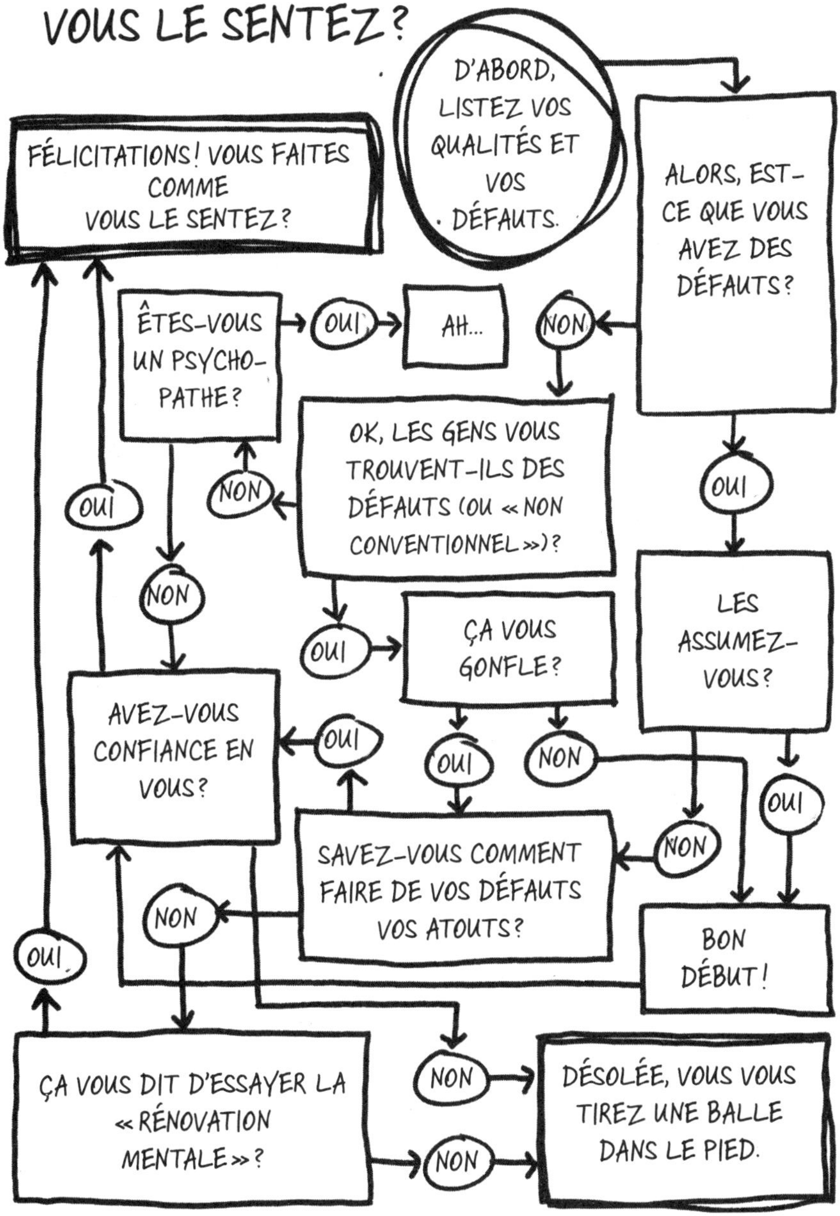

Eh mais, t'es qui, toi ?

On commence par la mauvaise nouvelle : je n'ai pas la réponse à la question ci-dessus. Je peux écouter vos problèmes, je peux vous accepter tel que vous êtes, je peux acquiescer d'un air entendu ou vous réconforter avec moult compassion. Mais je ne peux pas vous dire qui vous êtes. Il n'y a qu'une seule personne qui peut le faire, et c'est vous. (Ou peut-être un astrologue. J'en sais rien, c'est pas mon domaine.)

Et maintenant, la bonne nouvelle : à mon avis (dont j'ai l'humilité de savoir qu'il n'a rien de scientifique), la plupart des gens savent déjà qui ils sont et ce qui les rend heureux. Ils ne savent peut-être pas exactement comment devenir cette personne-là ou comment avoir une vie de ce genre, mais justement. Je suis là pour ça. Et si, à brûle-pourpoint, vous ne sauriez pas dire qui vous êtes et ce que vous voulez, je suis persuadée que vous pourriez le découvrir si vous étiez en mesure de prendre le temps d'y réfléchir sans la moindre pression extérieure.

(Est-ce que je vous ai déjà dit que je vais avoir besoin que vous le fassiez avant que nous allions plus loin ?)

Mais ne vous en faites pas, se découvrir soi-même n'est pas aussi intimidant que ça en a l'air. Jouer à « t'es qui, toi ? », c'est comme jouer à un jeu vidéo, et même un gosse de sept ans avec des troubles de l'attention peut y jouer.

JOUEUR UN AU DÉPART

La première chose qu'on fait, dans beaucoup de jeux vidéo, c'est choisir son personnage (ou avatar). Prenons un grand classique de chez Nintendo, *Mario Kart*. (Vous n'êtes pas obligé de connaître ce jeu sur le bout des doigts pour comprendre l'idée générale, mais si vous y avez déjà joué et que vous avez obtenu le score maximal dans le niveau du Château de Bowser... respect.)

Dans le monde de Mario, vous pouvez être la Princesse Peach, qui file comme le vent mais se plante facilement dans le décor quand on la cogne, ou un Koopa lent et méthodique du nom de Bowser, qui reste inébranlable face aux embardées des autres concurrents. (Les Koopas sont des tortues anthropomorphiques. Encore un domaine qui n'est vraiment pas le mien.)

Ou bien, vous pouvez être l'un ou l'autre des imperturbables frères italiens, associés dans une petite entreprise de plomberie très lucrative la semaine, et pilotes amateurs le week-end. Mario et Luigi sont juste là pour passer du bon temps et sentir le vent dans leurs cheveux.

Vous choisissez votre caractère en fonction de ses atouts (et en échange, vous acceptez ses faiblesses). Lequel d'entre eux correspond le mieux à votre style de jeu et vous donnera le plus de chances de l'emporter ?

Pour ma part, j'ai des réflexes d'une lenteur abominable, alors je préfère un kart plus lourd et plus tranquille, qui risque moins de finir dans le ravin en cas de collision. Mais peut-être que vous avez une meilleure dextérité des pouces et que vous êtes prêt à vous risquer à bord d'un châssis léger pour le plaisir de dépasser Bowser et de le laisser se démener tout seul dans le nuage de poussière que vous laisserez derrière vous. Peut-être que le pouvoir d'invisibilité vous correspond davantage que le pouvoir de jeter des boules de feu sur vos compétiteurs. Faites comme vous le sentez.

Et comme on est entre nous, qu'il n'y a que vous et moi et un paquet de chips tortillas, on pourrait peut-être essayer d'identifier certaines de vos forces et de vos faiblesses qui affectent particulièrement votre vie quotidienne, non ? Autant en profiter…

Est-ce que vous parlez fort ? Ou pas assez fort ? Vous êtes grand ? Petit ? Excentrique ? Égoïste, casse-couilles, négatif ou bizarre ? Et d'ailleurs, ces adjectifs, il faut les caser dans quelle colonne ? Qualités ou défauts ? Atouts ou faiblesses ?

Je vous laisse en note quelques-uns ci-dessous. Pas besoin d'une liste exhaustive, hein. Juste ce qu'il faut pour qu'on ait une idée globale :

manque de bonheur
Pas assez affirmée
lunatique

MES FORCES	MES FAIBLESSES
polyvalente	émotionnelle, sensible
curieuse, s'intéresse à tout	stressée, manque de confiance
grande capacité à apprendre	en moi, manque d'humour et de légèreté,

Et on continue de jouer. Étape suivante : choisir un « monde » dans lequel vous allez jouer. Dans *Mario Kart*, c'est un circuit, qu'on choisit, comme, entre autres, celui de la Vallée Fantôme, celui de la Gorge Champignon ou celui de la Prairie Meuh Meuh. Tous ont leurs avantages et leurs inconvénients, mais vous choisiriez celui qui vous conviendrait en fonction de ce qui vous AMUSE le plus.

monde des bisounours

Monde botaniste luxuriant esthétique

Voilà un critère qui ne doit pas être trop compliqué à définir, pas vrai ?

Eh bien voyez-vous, dans la vie, on peut choisir son circuit, aussi : père de famille en proche banlieue, grand voyageur dans le monde entier, philanthrope, athlète de haut niveau, champion du monde de dégustation de hot dogs… On peut même jouer sur plusieurs circuits à la fois, parce que les métaphores ne peuvent pas toutes être filées jusqu'au bout, et que la vie est plus complexe qu'un jeu vidéo. Quoi qu'il en soit, vous seul pouvez savoir quel(s) circuit(s) vous rendra heureux.

C'est quoi, votre monde idéal ?

Essayez de trouver une phrase ou deux pour le décrire. Il n'y aura pas de quiz ou de truc dans le genre, mais coucher tout ça sur le papier, ça vous servira toujours. Croyez-moi.

Ça y est ? Bien. Maintenant, parlons de ce qu'il se passe quand on sort des confins bidimensionnels du Monde de Mario :

- Quand vous devez prendre des décisions pour de vrai, décisions qui auront un effet sur votre bonheur réel, est-ce que vous prenez les rênes, créez votre propre personnage et vous servez de vos meilleurs atouts ? Ou est-ce que vous choisissez le rôle que vous assigne l'ordinateur ?
- Est-ce que vous avez confiance en vos choix ? Est-ce que vous avez la sensation qu'ils vous maintiennent dans le confort et la sécurité ? Ou est-ce que vous espérez rester bien planqué au milieu de la meute sans vous faire dégager sur le bas-côté par une tortue anthropomorphique ?

Ce sont des questions difficiles, et, oui, je vous ai mis en confiance pour les introduire subrepticement, ha ha ! Mais rien ne vous oblige à écrire vos réponses, parce que nous les connaissons déjà. Si vous sortiez vos meilleurs atouts et que vous aviez confiance en vos choix, vous seriez déjà en tête de la meute, à faire péter du Koopa à tout va, au lieu de lire ce livre en essuyant sur du Sopalin vos doigts couverts de résidus de Fritelles au fromage.

Eh, oh ! C'est pas moi qu'il faut détester, c'est le jeu !

Bon, si vous êtes encore avec moi, j'imagine que le problème, ce n'est pas de savoir qui vous êtes ou ce qui vous rend heureux. **Le problème, c'est que vous ayez le sentiment que c'est *mal* d'être cette personne et de vouloir ces choses-là.**

Et pourquoi nourrissez-vous ce sentiment-là ? Eh bien c'est sans doute parce que d'autres personnes vous répètent sans cesse que vous parlez trop fort, ou pas assez fort, que vous êtes trop immense, trop riquiqui, trop zinzin, trop excentrique, trop égoïste, trop casse-couilles, trop pessimiste, et « Tiens pendant qu'on y est, arrête d'être chelou à ce point. Chelou, va ! »

Ouais. Je connais.

Si vous entendez le message assez souvent, ça devient très vite comme une espèce de circuit de karting infini sur lequel la stratégie la plus prudente consiste à rouler dans le sillage du joueur juste devant vous – un trouble couramment nommé (par mes soins) **Le Minimum Syndical de la Vie – ou MSV**.

LE MINIMUM SYNDICAL DE LA VIE

Cette maladie se manifeste par la volonté impérieuse de réprimer tous les aspects inhabituels, peu conventionnels, rares, bizarres, novateurs, rebelles ou impopulaires de sa propre personnalité, de son mode de vie ou de son système de valeurs. **Cette façon de procéder permet seulement de « s'en sortir », et pas de « s'épanouir et tout faire péter au passage ».**

Si le MSV résume bien votre situation actuelle, expliquez-moi pourquoi vous voudriez perdre un seul jour de plus dans ce carcan mollasson humide et boiteux ?

Surtout que je peux vous *garantir, personnellement*, que c'est marrant (et productif) de donner son avis dans une réunion sans se soucier que qui que ce soit vous trouve difficile à vivre. C'est assez satisfaisant de dire la vérité à son patron, plutôt que de boire jusqu'à la lie le Kool-Aid périmé* de la diplomatie *corporate*. C'est un soulagement incroyable que l'on ressent, quand, enfin, on avoue à une cohorte de mamies bourgeoises qu'on n'a pas le moindre début d'opinion sur les styles de porcelaine. Et c'est sain, en fait, d'être vachement désinhibé.

Et maintenant, la meilleure nouvelle de la journée : quelle que soit la forme que prend votre particularité – princesse, plombier ou Koopa – ça ne change rien, en ce qui me concerne. Cela n'affectera pas non plus votre capacité à tirer tous les bénéfices de mes conseils. *Fais comme tu le sens* fait fi des sexes, des genres, des âges, des cultures et des classes socio-économiques, **parce que je vous aide depuis l'intérieur, et pas l'inverse**.

QUELQUES AVERTISSEMENTS

Si vous êtes le mec qui bossait dans mon ancienne boîte (où c'était comme à l'armée) et qui venait tous les jours habillé comme un membre des Village People, vous n'avez pas besoin de mon aide pour ce qui est de l'expression de soi. Vous êtes, Monsieur, une source d'inspiration pour chacun d'entre nous.

* Le Kool-Aid est une boisson pour enfants aux arômes artificiels. Aujourd'hui, l'expression « boire le Kool-Aid » fait référence au suicide collectif des membres de cours la secte du Temple du Peuple. En effet, le cyanure qu'ils ont ingéré avait été versé dans des boîtes de Kool-Aid. (N.d.T.)

Si vous êtes la personne qui a tweeté : « Sandwich au Subway. Demandé qu'on me donne tous les ingrédients séparément pour me faire mon truc à la maison. », le tout accompagné d'une photo de sept mini-boîtes avec vos garnitures dedans, alors vous pouvez sécher le séminaire intitulé « Devenir "casse-couilles" », page 99.

Et si vous êtes mon mari, qui a connu la gloire car il a chanté en miaulant la chanson « We Are The World » en imitant séparément le timbre de chaque chanteur sur ce morceau, vous êtes, en gros, l'ambassadeur de tous les chelous de ce bas monde, et vous pouvez sauter les pages vus incitant à « laisser s'exprimer le chelou qui sommeille en vous ». (D'ailleurs, vous pourriez faire une petite apparition sur le livre audio. Je vais dire à ma team d'appeler la vôtre.)

Maintenant, pour vous prémunir contre le MSV, il va falloir qu'on **réorganise votre rapport à vous-même et au reste du monde**.

Encore une fois, ce n'est pas aussi difficile que ça en a l'air.

D'ici quelques pages, nous parlerons du contrat social, et entamerons le processus d'amendement, qui s'étendra tout au long de ce livre. Mais il faut dès à présent que vous compreniez bien que le contrat en question n'est *que* social. C'est pour cela qu'il est imbriqué dans vos rapports aux autres. Donc, avant de déballer ce paquet-là, il faut qu'on s'attaque à autre chose : votre rapport à *vous-même*.

Pour cela, j'ai décidé d'utiliser des acronymes et Jésus. Ben ouais, je fais comme je le sens.

DBM et la deuxième partie de la Règle d'Or

Vous avez peut-être déjà entendu parler de la Règle d'Or, ou éthique de la réciprocité, souvent résumée par la maxime suivante : « traite les autres comme tu voudrais être traité ». Cette pépite vingt-quatre carats paraphrase un passage de la Bible, mais quelle que soit son origine, elle semble à la fois faisable et raisonnable, non ?

(Vous pourriez presque dire qu'elle constitue le sous-texte du contrat social lui-même, et vous n'auriez pas tort. Accrochez-vous.)

Mais il apparaît clairement qu'on ne peut pas *suivre* la Règle d'Or quand on n'a pas encore décidé de LA MANIÈRE DONT ON SOUHAITERAIT ÊTRE TRAITÉ – et ça, même moi je m'en rends compte, même moi, alors que la dernière fois que je suis allée à la messe un dimanche, Wham ! avait deux chansons au Top 50.

Mais revenons à nos moutons : **Que désirez-vous dans la vie ? De quoi avez-vous besoin ? Que pensez-vous mériter ?**

Les voilà, vos DBM. À ne pas confondre avec les ADM, acronyme bien connu pour « armes de destructions massives » (ouais, j'aime bien les acronymes, en ce moment). Non, vos DBM, à l'inverse des ADM, ne mettent pas en danger la vie d'innocents villageois, ni ne fournissent d'excuses à des gouvernements voyous pour se lancer dans des guerres à plusieurs millions de millions de dollars, sur huit ans. Mais de même que pour les ADM, si vous n'arrivez pas à identifier vos DBM, vous avez un gros problème.

Un peu plus tôt dans ce livre, vous avez passé du temps à essayer de comprendre qui vous étiez et ce après quoi vous couriez, avec votre petit kart pixélisé. Maintenant, il va falloir découvrir ce que vous désirez, ce dont vous avez besoin, et ce que vous méritez, afin de parvenir à vos fins.

Allez, je me dévoue, pour vous montrer l'exemple :

Je veux prendre mes propres décisions.

J'ai besoin de prendre soin de ma santé mentale.

Je mérite que mes opinions soient entendues.

Si vous voulez tirer le maximum de *Fais comme tu le sens*, il va falloir aussi que vous répondiez à ces questions-là. Qu'est-ce qui vous rend heureux ? Qu'est-ce qui vous émoustille ?

Je veux ....

J'ai besoin ....

Je mérite ....

(Soit dit en passant, rien ne vous oblige à limiter vos DBM à la surface disponible sur cette page relativement petite. N'hésitez pas à vous munir d'un carnet, à dicter dans votre iPhone ou à taguer un mur si besoin. L'important, c'est de les identifier et de les garder bien à l'œil alors que la vie suit son cours. C'est pour votre bien, pas seulement pour celui des villageois innocents.)

Dès lors que vous avez mis au clair votre propre moitié de la Règle d'Or, et consolidé ces DBM, vous pouvez atteindre toutes sortes de bonheurs émoustillants en négociant – avec le reste du monde – les meilleurs termes possible sur votre contrat social.

Pour VOUS.

Le contrat social

À l'instant précis où nous sortons du ventre de notre maman, nous entrons dans **tout un monde de règles édictées pour canaliser les comportements humains, et que nous acceptons de suivre (plus ou moins) afin de vivre nos vies en paix**.

Le « contrat social » n'est pas un document légal, ni même un document tangible, mais ce n'est pas parce que ses clauses n'ont pas été dactylographiées et stockées dans un coffre-fort avec tout le reste de nos papiers importants que nous ne savons pas qu'elles sont là.

Et il faut bien admettre qu'il est utile, parfois, le contrat social.

Nous sommes tous bien obligés de partager l'espace qui nous est donné en ce monde – sur les routes, dans les dortoirs, dans la fosse du concert de Jamiroquai – et parfois, il se passe des trucs dont on dirait qu'ils vous tombent dessus pour tester votre raison et votre self-control. Pendant ces épisodes, **le contrat social fait tampon entre nos bas instincts et la réaction qu'on affiche finalement**. C'est lui qui nous calme quand nous sommes à deux doigts d'entamer une course-poursuite avec l'autre connard qui nous a fait une queue de poisson ; c'est lui qui fait que notre nom n'est pas sur la liste noire du directeur de notre école ou université ; c'est lui qui, au dernier moment, stoppe notre geste, quand notre briquet allumé n'est plus qu'à quelques centimètres de la chevelure de cette meuf qui a joué des coudes pour nous passer devant, avec sa copine qui n'a rien calculé et leurs gros sacs à dos de merde, alors que nous étions là des HEURES avant elles. (Quoi ? J'ai dit que mon geste avait été stoppé !)

Et je suis la *première* à dire qu'il y a des clauses du contrat social que nous devrions tous respecter. Comme « Ne sortez pas votre portable au beau milieu d'un spectacle », « Enfilez vos vêtements avant d'ouvrir quand on sonne à la porte » et « Ne publiez pas sur les réseaux sociaux des photos peu flatteuses de vos amis ».

Mais il y a d'autres clauses – plein, d'ailleurs – auxquelles rien ne nous oblige à adhérer, juste « parce que c'est comme ça ». Certaines sont susceptibles de nous faire du mal plus qu'elles n'aideront les autres. D'autres sont vieilles, passées de mode ou obsolètes. Et d'autres encore menacent de chambouler l'équilibre même que le contrat social est censé maintenir.

Ce sont les clauses qui mènent, directement ou indirectement, au MSV.

J'ai choisi de me concentrer sur les quinze clauses de ce genre que je préfère – parmi elles : « Ne sois pas égoïste » et « Ça, tu le regretteras » – et je les ai amendées afin qu'elles satisfassent une proportion plus importante de l'humanité, pour y inclure enfin (sans s'y limiter) : les chelous, les pessimistes, les solitaires, les dingues et les paumés, et les gens qui, vraiment, ne regretteront pas ça, mais merci pour ton soutien.

Voici un petit aperçu de ce que vous trouverez dans les deuxième, troisième et quatrième parties :

LE CONTRAT SOCIAL*

* AVEC AMENDEMENTS

1. Ne sois pas égoïste*

* On a tout à fait le droit (et d'ailleurs, c'est sain) de s'inquiéter de son propre intérêt, ce que l'on peut faire *en même temps* qu'on prend soin des autres. Le fait de s'occu-

per de soi n'exclut pas nécessairement le fait de s'occuper des autres.

2. **Fais de ton mieux***
   * L'ambition et l'intégrité sont de grandes qualités, mais il est difficile d'accomplir quoi que ce soit depuis la chambre d'hôpital où on se fait soigner son ulcère.

3. **Arrête d'être casse-couilles***
   * Ne vous laissez pas faire – et n'hésitez pas à voler au secours des autres si bon vous semble. Il faut du courage, pour assumer ses convictions, et ça ne fait pas de nous des gens « casse-couilles ». Ça fait de nous des gens admirables. Et mieux placés au restaurant.

4. **Faut pas la jouer perso***
   * Faites votre truc de votre côté si c'est ça qui vous excite. On s'en cogne, non, de la manière dont vous procédez, du moment que vous arrivez à vos fins ? (Ou pas, d'ailleurs, cf. amendement de la clause 2, ci-dessus.)

5. **On ne démissionne pas d'un poste stable***
   * Développez une attitude saine vis-à-vis du risque, et ne laissez pas les gens qui doutent et qui critiquent vous empêcher d'en prendre quand c'est le moment de le faire. J'en profite pour ajouter que le mot « peur » n'est autre que le synonyme de « grande bâche bleue idéale pour étouffer vos rêves et vous débarrasser du corps ».

6. **Tu changeras d'avis***
   * Peut-être, mais si c'est le cas, on s'en fout, non ? Ne laissez pas les avis des autres sur *vos* choix de vie – surtout les choix inhabituels – vous empêcher d'être honnête avec vous-même.

7. **C'est pas comme ça qu'on arrive à quoi que ce soit***
   * Faites comme bon vous semble. Faites ce qui vous donne

du peps, ce qui vous rassure, ce qui vous aide à dormir le soir et vous fait profiter de vos vacances demain. Si votre attitude vous fait du bien, c'est qu'elle est bonne pour vous.

8. Ça, tu le regretteras*

✱ Si les gens n'arrivent pas d'emblée à vous faire changer d'avis, ils continueront d'essayer avec le récit de cataclysmes potentiels. Ne les écoutez pas.

9. Tu ne trouveras jamais de boulot si tu ne fais pas d'études supérieures*

✱ C'est à vous de définir votre propre réussite. Personne n'a besoin d'un diplôme (littéral ou métaphorique) pour trouver le bonheur.

10. Ça te suivra toute ta vie*

✱ Si t'es fier d'être excentrique tape dans tes mains ! clap ! clap !. Et sinon, tu peux quand même taper dans tes mains parce qu'on aime bien se faire applaudir, nous autres, qui serons suivis toute notre vie par notre réputation (gasp).

11. La famille passe avant tout*

✱ N'hésitez pas à traiter de la même manière tous les gens merveilleux de votre vie. Dit comme ça, ça n'a pas l'air si dingue que ça, si ?

12. T'as un côté un peu trop foufou*

✱ La santé mentale est au moins aussi importante que la santé physique, et si pour en prendre soin vous avez besoin d'être sans filtre et honnête sur la question, aucun problème. Vous avez le droit d'être foufou.

13. Tu devrais sourire un peu plus*

✱ Sauf ton respect, va te faire mettre.

14. Tu ne devrais pas manger ça*
 * Acceptez votre corps tel qu'il est plutôt que de le punir de ne pas être ce qu'il n'est pas. Et faites-vous une pizza.

15. Ne sois pas égocentrique à ce point !*
 * Si vous n'avez pas confiance en vous, qui aura confiance en vous ? Votre ego, assumez-le, parlez-lui, prenez du temps pour lui, et n'oubliez pas de vous autoféliciter quotidiennement. Vous le méritez.

La difficulté, c'est de mettre en place tous ces amendements et « faire comme vous le sentez », sans pour autant déchirer le contrat social, lui pisser dessus et le faire cramer dans un baril de pétrole vide dans le jardin de votre voisin. Ça, ça ne vous mènera nulle part – sauf peut-être devant le juge, qui sera moyennement content.

Heureusement pour vous, ce n'est pas là mon premier rodéo. Ni même le deuxième, d'ailleurs.

Dans *La magie du « j'en ai rien à foutre ! »*, j'ai montré à mes lecteurs **comment cesser de s'en faire sans devenir un trouduc** – par le truchement de la méthode MêmePasDésolé, fondée sur l'honnêteté et la politesse. Ici, c'est le même principe qui s'applique. L'idée, c'est de vivre votre vie avec plus de joie et d'harmonie, et pas de vous faire des ennemis au nom de votre volonté de faire comme vous le sentez.

Dans *Arrête de déconner !*, j'ai expliqué pas à pas « **comment Gagner au Grand Jeu de la Vie sans devenir un insupportable connard** ». En gros, avoir une vie qui déchire, ce n'est pas dire du mal de tout ce qui bouge, se mettre en compétition avec les autres ou leur donner des gros coups de coudes (métaphoriques) pour qu'ils dégagent du passage. Avoir une vie qui déchire, c'est identifier vos objectifs à vous et essayer de les réaliser. L'objectif de ce livre – vivre une vie authentique – peut sembler un peu vague, mais les règles du jeu sont les mêmes. On ne copie pas sur son voisin.

Alors je persiste et signe : **ne soyez pas un trouduc ou un insupportable connard.** Amen ! Mais en ce qui concerne votre volonté de faire comme vous le sentez, j'ai un autre avertissement à ajouter à cette liste :

Ne soyez pas un psychopathe.

Fais comme tu le sens n'est absolument PAS un manuel pour se défaire de toute décence, responsabilité personnelle ou empathie, et je n'ai absolument PAS passé tant de mois à l'écrire à un rythme de plus en plus fou pour que vous puissiez l'utiliser comme excuse pour tant de fourberie.

Vous pouvez amender le contrat social pour vous foutre un peu la paix à vous-même *tout en* demeurant quelqu'un de fondamentalement bien. (BONUS : ça vous rendra probablement plus heureux, d'ailleurs.)

Mais si vous avez du mal à trouver l'équilibre, n'hésitez pas à revenir autant de fois que nécessaire sur le petit guide pour ne pas devenir un psychopathe, qui figure ci-dessous :

NE PAS DEVENIR UN PSYCHOPATHE EN CINQ LEÇONS

1. Soyez bien dans vos baskets sans écraser les autres au passage juste pour le fun.

2. Gardez à l'esprit que « faire comme vous le sentez » n'est pas la même chose que « être irresponsable ».

3. Sachez observer et accepter les conséquences de vos actes quand vous faites comme vous le sentez.

4. Montrez de l'empathie pour tous les gens ici-bas qui essayent, comme vous, de faire comme ils le sentent.

5. Soyez bien dans votre peau, pas dans celle du pauvre mec que vous avez eu envie de dépecer sur un coup de tête, en mode « Le Silence des Agneaux ».

AVANT D'APPOSER VOTRE SIGNATURE

Dans tout accord, il y a des limites aux droits auxquels vous consentez à renoncer. Et dans le contrat social, le droit d'être vous-même doit demeurer le plus INALIÉNABLE de tous. Viennent ensuite : le droit d'agir avec confiance en soi et conviction ; le droit d'être un peu égoïste, imparfait ou casse-couilles quand vous en avez envie ; et le droit de jouer de la *air guitar* de temps en temps quand le contexte le permet.

Alors avant que vous ne vous précipitiez sur votre plume pour nous faire le coup de la ratification précoce, posez-vous ces trois questions pertinentes :

Qu'est-ce que je me dois à moi-même ? de me respecter, de m'aimer de me faire confiance, de croire en moi

Qu'est-ce que je dois à l'autre ?

Comment puis-je négocier le meilleur contrat pour moi-même sans totalement enfler ledit autre ?

LAISSEZ-MOI VOUS PRÉSENTER M. JUGIEN DE LA JUGEANCE

Après la Tyrannie du « Parce Que C'Est Comme Ça », le deuxième plus grand obstacle à votre désir d'être vous-même est **cette foule de gens qui ne le comprennent pas ou tout simplement le désapprouvent**. Mais pas de panique. Ceux-là vont prendre bien cher pendant les deux cents pages qui viennent.

Pour désigner cette foule, composée de gens qui doutent, de gens qui critiquent et de gens qui haïssent (mieux connus aujourd'hui sous le nom de *haters*), j'aurai désormais recours à ce sobriquet fort opportun de «Jugien de la Jugeance».

LES JUGIENS DE CE MONDE : UNE TYPOLOGIE

Jugiens qui doutent	Jugiens qui haïssent
Ne comprennent pas votre style	Sont jaloux de votre style
Pensent que vous allez échouer	Espèrent que vous échouerez
Ne sont pas certains que vous devriez faire ceci ou cela	Pensent que quoi que vous fassiez, c'est idiot de le faire
Considèrent que vos idées sont mauvaises	Ne manquent jamais l'opportunité de crier sur les toits que vos idées, c'est de la merde
Pensent savoir ce qui est bon pour vous	Se moquent de savoir ce qui est bon pour vous

Dans le monde virtuel de *Mario Kart*, je vous ai demandé de mettre le doigt sur vos faiblesses. (Pour celles et ceux qui n'auraient pas encore compris, il faut vraiment que vous reveniez quelques pages en arrière pour les coucher sur le papier ; elles vont prendre toute leur importance d'ici trois pages environ.) À mesure que vous avancerez dans votre lecture, vous serez de plus en plus à l'aise avec vos défauts. Vos forces vous aideront à les canaliser et à en faire quelque chose de bien. Mais les Jugiens de ce monde sont là pour vous détourner de votre objectif, et pour combattre leurs mauvaises ondes, il va vous falloir un peu d'aide.

C'est l'heure de faire un peu de rénovation mentale.

La rénovation mentale

Si vous avez lu mes autres livres, vous savez que je détiens le brevet d'une technique intitulée « **désencombrement mental** » qui, comme le désencombrement tout court, passe par deux étapes clés :

1. Se débarrasser de certaines choses (en avoir moins à foutre de plein de trucs).

2. Réorganiser (arrêter de déconner).

Si vous n'avez pas lu ces livres, en voilà donc la substantifique moelle. Le désencombrement mental vous aide à faire l'inventaire de votre quotidien, à repérer et entretenir les choses qui vous apportent de la joie, et à faire dégager celles qui vous prennent la tête un truc de ouf.

Cependant, c'est autre chose, que l'on trouve au cœur de *Fais comme tu le sens*. La rénovation mentale, une espèce de feng shui agrémenté d'une pointe de « Ah et puis merde ! », est peu chronophage tout en améliorant considérablement votre situation. Je ne parle pas d'un ravalement complet, hein, il existe d'autres gourous pour ce genre de trucs, si le Pilates et le masochisme, ça vous branche.*

* Et ça, on peut le faire sans avoir lu aucun de mes livres, même si, de toute évidence, je suis trop opé sur la question.

Parfois, tout ce dont une pièce a besoin, c'est une nouvelle couche de peinture, un variateur, ou peut-être de bouger cette chaise près de la fenêtre et de poser la télé sur la cheminée. Voilà. On n'est pas bien, comme ça ?

Sachez donc que, de même que la rénovation dans la vraie vie rafraîchit un espace existant, la rénovation mentale rafraîchit votre manière de voir la vie. **Elle vous aide à mettre en valeur (ou à masquer, si c'est cela qu'il faut) ce que vous avez déjà sous la main**, au lieu de procéder à des modifications fondamentales qui sont soit impossibles, soit franchement injustifiées. Et sur le modèle de son cousin chinois, le feng shui, la rénovation mentale déplace ce qui se met en travers de votre chemin pour que votre intérieur abonde dans VOTRE sens, plutôt que de vous mettre des bâtons dans les roues.

La rénovation mentale comporte deux étapes, parce que j'aime bien les plans en deux étapes :

1. **Identifier vos faiblesses**
   Vous – et Jugien, d'ailleurs – appelez peut-être ça vos « défauts », mais moi j'appelle ça « ce qui fait que vous êtes vous-même ».

2. **Rafraîchir la manière dont vous les voyez et dont vous y réagissez (ou les deux !)**
   Rappelez-vous, il n'y a rien qui cloche chez vous. Ce n'est pas parce que Jugien voit quelque chose qui le rebute – comme un vieux fauteuil avec les accoudoirs élimés – que vous, vous n'avez pas le droit d'en être fier. C'est vintage ! Il y a des marques qui se font plein de thune avec ce concept.

Requalifier vos faiblesses en atouts pourrait être justement ce dont vous avez besoin pour être fier de votre intérieur (de la tête) :

TRANSFORMER SES FAIBLESSES EN QUALITÉS

Faiblesse →	Un petit coup de peinture	→ Force
GEEK	Ce n'est pas seulement une collection de timbres, c'est un investissement, un placement.	MALIN EN AFFAIRES
TÊTU	Un nain de jardin en béton peut être chiant à contourner quand on tond la pelouse, mais il résisterait à n'importe quelle tempête.	PERSÉVÉRANT
PESSIMISTE	Vous avez entassé les clés de 12 dans le tiroir à bordel ? Vous serez prêt le jour où votre lit s'écroulera.	RÉALISTE
CHELOU	La baignoire dans le salon n'est pas là par hasard. C'est mon côté artistique qui s'exprime.	UNIQUE

C'est un truc que j'ai pris l'habitude de faire quand Jugien me dit que je suis quelqu'un de « casse-couilles ». Il pense qu'il devrait avoir le droit de me piétiner comme si j'étais un paillasson premier prix posé devant la porte d'un internat pour étudiants bourges et débiles, mais il se trompe : je suis une belle tapisserie marocaine cousue main et transportée sur les genoux d'un émissaire pendant les dix heures du vol retour, et me voilà fièrement exposée sur le mur, loin, très loin des chaussures bateau crados des étudiants en question.

Jugien prétend aussi que l'égoïsme empêche nécessairement le bonheur des autres, tout comme le papier-peint orange à motifs cachemire, par exemple. Pourtant, décorer un mur dans des tons inhabituels peut vous rendre heureux sans provoquer d'AVC chez vos invités. (Nous en reparlerons à la page 65, dans le paragraphe intitulé « Ne sois pas égoïste ».)

Oui, une frénésie de rénovation mentale peut stimuler l'acceptation de soi, la confiance en soi, et la capacité à ignorer ceux qui doutent et faire taire les haineux pour de bon.

Pour se marrer un peu, on va essayer cette technique sur ces faiblesses que vous avez listées à la page 32, quand vous vous prépariez à faire une promenade en voiture à travers la Prairie Meuh Meuh (ou il y a une minute, quand je vous ai mis le nez dans votre caca parce que vous ne l'aviez pas encore fait.) Je vous le promets : bientôt, la rénovation mentale sera une seconde nature, chez vous, et vous n'aurez plus à enregistrer vos notes dans un dictaphone, plié en deux sur un petit carnet, le crayon à la main, comme si vous étiez Jane Goodall et que vous observiez des chimpanzés en Tanzanie*. Mais en attendant, prêtez-vous au jeu, d'accord ?

TRANSFORMEZ VOS FAIBLESSES EN QUALITÉS

Faiblesse	→	Un petit coup de peinture	→	Force
....		....		....
		....		
....		....		....
		....		
....		....		....
		....		

* Jane Goodall est une primatologue, éthologue et anthropologue britannique de renommée mondiale. (N.d.T.).

Sagesses non conventionnelles pour anticonformistes

Avant toute chose, j'aimerais vous féliciter pour votre courage et votre capacité d'attention. Vraiment, bravo ! Avec tant de qualités, vous arriverez à faire comme bon vous semble en moins de temps qu'il n'en faut pour le dire. Mais avant de nous lancer dans la deuxième partie de ce livre, je souhaite clarifier un dernier point : vous allez souvent m'entendre proférer le mot « non conventionnel », alors il faut que, dès maintenant, on se mette d'accord sur son sens. Ou au moins sur le sens qu'on lui prêtera dans ce livre.

Afin d'en savoir un peu plus sur les lecteurs potentiels de *Fais comme tu le sens*, j'ai mené une enquête anonyme à laquelle je ferai référence assez régulièrement (un peu trop fréquemment sans doute, selon mon éditeur, qui n'est pas vraiment porté sur la chose scientifique). Dans cette étude, j'ai demandé aux participants s'ils se voyaient comme des gens non conventionnels, si d'autres les voyaient comme tels, et, si oui, pourquoi.

Voici certaines de leurs réponses :

- Je ne suis pas aussi branché traditions que les autres gens.
- Je fais ce que je veux, je m'habille comme je veux, et je dis ce que je pense (vraiment).
- J'ai les cheveux violets et des tatouages.
- Je suis gay.
- Je suis bisexuel.
- Je ne suis pas très féminine.

- Je préfère être seule.
- Je ne veux pas avoir d'enfants et je ne suis pas très famille.
- Rien ne m'ennuie plus que de suivre le troupeau.
- J'ai un sens de la mode assez... spécial.
- Je suis parti m'installer à l'étranger à 21 ans, et je ne connaissais personne qui en faisait autant.
- Je suis célibataire et heureux.
- J'ai été scolarisé à la maison.
- Je suis très pieux.
- Je suis athée.
- Je suis juste un peu chelou (dans le bon sens du terme) et j'ai des centres d'intérêt très peu communs.
- Je n'ai aucune honte à raconter des anecdotes embarrassantes sur moi-même.
- Je suis une femme rousse, gauchère, qui profère des insanités, qui boit beaucoup et qui rigole très fort.
- J'aime bien faire mon truc dans mon coin sans qu'on vienne m'embêter.
- Han, c'est quoi cette question ?

Quand je dis « non conventionnel », c'est de ça, que je parle. Attention, je ne dis pas que *je* trouve ça anormal ou bizarre de préférer vivre seul ou de se faire tatouer ou de faire fi des conventions. Je dis juste que c'est le genre de barrières dressées par les conventions, elles-mêmes tributaires de l'histoire, de la tradition, de l'absence d'alternatives, du manque d'imagination et/ou de la Tyrannie du « Parce Que C'Est Comme Ça ».

Nous devons découvrir la stratégie qui nous conviendra le mieux pour contourner ces barrières si nous voulons (a) être heureux et (b) ne plus nous sentir obligés de répondre à des sondages en ligne avec des phrases commençant par le mot « Han ».

Pour ma part, je vais donc vous présenter tout un tas de sagesses *non* conventionnelles, dont l'unique objectif est d'aider les gens comme vous (et moi) à survivre dans un monde conventionnel.

Comme : « Demain tu seras peut-être mort, alors sois égoïste aujourd'hui » ; « Imagine que tu es un bébé » ; « Dans le doute, danse la gigue ».

Faire comme tu le sens : travaux pratiques

C'est votre vie. La vivre avec authenticité consiste à partir de ce que vous avez déjà pour en tirer le meilleur.

- Vous voulez teindre vos cheveux en violet, démissionner et lancer un vivier à truites, ou ne pas porter de pantalons longs même si dehors, ça pèle ? **Fais comme tu le sens**.
- Vous aimez vous voir comme un loup solitaire, esquivant mariage et progéniture pour une vie de solitude tranquille, sans l'urine de qui que ce soit d'autre sur le coussin du fauteuil ? **Fais comme tu le sens**.
- Vous voulez remuer ciel et terre quand quelque chose vous touche particulièrement, laisser vos passions tourner parfois à l'obsession si ça vous chante, et

considérer plutôt que le verre est à moitié vide si le pessimisme est ce qui vous motive à faire ce que vous avez à faire ? **FAIS. COMME. TU. LE. SENS.**

À la fin de ce livre, j'espère que vous serez plus tolérant envers vous-même, et que vous vous ferez davantage confiance. Et je *sais* que vous aurez toutes les munitions nécessaires pour vous affirmer la prochaine fois que qui que ce soit essaye de vous faire croire qu'il y a quelque chose qui cloche chez vous, que ce soit par sous-entendus ou de façon directe.

Donc, je répète, pour les gens dans le fond de la salle :

IL N'Y A RIEN QUI CLOCHE CHEZ VOUS.

Il est temps maintenant d'amender concrètement le contrat social. Je pense que mes nouvelles clauses vont vous faire plaisir.

2e PARTIE

FAIS PAS ÇI, FAIS PAS ÇA : RÈGLES POUR BRISER LES RÈGLES

On trouve des règles de toutes les formes et de toutes les tailles. Des règles énoncées à voix haute, des règles tacites, des signalétiques passives-agressives de piscines municipales. En général, elles sont là pour une bonne raison, mais bon nombre d'entre elles ne sont pas aussi indiscutables qu'on a eu envie de vous le faire croire.

Par exemple, « Tire toujours la chasse d'eau après avoir fait caca » constitue une bonne mise en jambes, en matière de contrat social. (Ben ouais, quoi, tire la chasse ! Si ta mère te voyait...) Tandis que « Il faut respecter ses aînés » est une excellente suggestion, qui omet toutefois qu'il y a plein d'aînés qui sont de vrais sacs à merde. Vous avez déjà rencontré Clint Eastwood ? Je pense que cette règle-là ne souffrira pas trop d'une adaptation au cas par cas.

Pendant une bonne partie de ma vie, je me suis fait fort de suivre TOUTES LES RÈGLES, qu'elles soient clairement formulées, tacites, indiscutables ou autre. À certains égards, cela m'a servi. Par exemple, je n'ai jamais eu à demander à ma meilleure copine d'appeler mes parents le temps que je dessoûle sur la banquette arrière d'une bagnole de flics. Mais encore une fois, il semble bien que je ne me sois pas autant amusée que mon frère, quand nous avions vingt ans.

Conclusion : il est sans doute préférable de ne pas modifier les règles qui sont aussi des « lois ».

Mais ces dernières années, j'ai commencé à remarquer que d'autres règles – tacites et sans appui légal de quelque sorte que ce soit – **me contraignaient davantage qu'elles ne m'aidaient**. Et qu'en outre, le fait que je les suive n'aidait pas particulièrement qui que ce soit d'extérieur. Alors j'ai cessé de suivre certaines d'entre elles. Et contre toute attente, j'ai mieux réussi ma vie sur le plan personnel et professionnel depuis que j'ai cessé d'être une championne en comportement conforme aux attentes des autres.

Ça a commencé par de petites choses, comme sécher la réunion marketing hebdomadaire de mon ancien boulot. (Les lecteurs de *La magie du «j'en ai rien à foutre!»* se rappellent sans doute que les réunions sont un dommage collatéral fréquent après le tri nécessaire entre ce dont vous décidez d'avoir quelque chose à foutre... et le reste.)

Après quelques années passées à mettre le réveil une heure plus tôt le jeudi, uniquement pour me retrouver assise dans une pièce à écouter des gens faire des comptes rendus inutiles pour *moi*, dans l'avancement de *mon* travail, j'ai décidé que c'en était trop. Si l'un de mes projets était à l'ordre du jour, bien sûr, je faisais l'effort de m'y rendre. Mais c'était le cas une semaine sur cinq ou six. Le reste du temps, je laissais mon réveil sonner à une heure DÉCENTE.

Et puis je traitais les gens exactement comme je voulais qu'ils me traitent: je ne voyais pas non plus l'intérêt qu'*ils* se réveillent une heure plus tôt pour le seul privilège de venir s'entasser dans une salle de conférence trop petite pour voir bouger *mes* lèvres de loin, simplement parce que tout le monde le fait et *parce que c'est comme ça*. Mon absence ne ferait de mal à personne, me suis-je raisonnée, et, clairement, les haleines café-clope, les concours tacites de qui-c'est-qu'a-la-plus-grosse entre collègues ou le plateau de viennoiseries entamées n'allaient pas me manquer.

Et puis, qui allait vraiment s'alarmer de mon absence?

Il s'avère que je n'ai manqué qu'à une seule personne, un obsédé des règles-qu'il-faut-respecter, qui venait me harceler le jeudi matin quand il me voyait débarquer au bureau à dix heures du mat'. OK, à dix heures et quart.

(Oui, oui, OK, bon, d'accord, dix heures et demie – vous êtes dur en affaires.)

« Tu étais où ? demandait ledit collègue. Tu penses que c'est une réunion optionnelle ? » Il plaisantait. Ou à moitié seulement. Il savait que la réunion marketing n'était pas obligatoire pour les équipes éditoriales, mais il considérait que vraiment, nous *devions* y assister tout de même, et que, si lui suivait cette règle-là, je devais en faire autant.

Pour être honnête, j'ai cru la même chose, pendant mes trois premières années à ce poste – trois années de profonde ignorance, en tout état de cause. Mais quand j'ai décidé de **briser une règle tacite de l'étiquette professionnelle** (« Si tu dois te taper toutes ces conneries débilitantes, alors tout le monde doit se les coltiner aussi »), ma vie s'est améliorée, de façon très concrète. D'après mes calculs, grosso modo, j'économisais chaque année au moins quarante heures (soit une semaine de boulot) de sommeil, cette denrée rare et précieuse – bénie soit-elle.

Une viennoiserie, même non entamée, ne fait pas le poids.

Cela, Mesdames et Messieurs, constitue un exemple de premier choix pour illustrer le fait que parfois, on a raison de s'affranchir d'une règle. Non seulement cela m'a servi sans faire de mal à qui que ce soit, mais en plus, cela m'a permis de libérer un peu moins d'un mètre carré d'espace pour une bonne âme qui, elle, était obligée d'être là. Et mon action a sans doute encouragé beaucoup de gens dans mon cas à faire de même.

Qu'est-ce que vous voulez que je vous dise, tout le monde veut faire comme moi !

Cette réussite en poche, ma remise en question des règles s'est exprimée de manière plus audacieuse. J'ai bafoué les codes vestimentaires pour porter mes tongs tous les jours, et pas seulement le vendredi. J'ai décidé de faire entendre mes opinions haut et fort plutôt que de rester passivement assise en évitant toute confrontation. Et il m'arrivait, parfois, de ne pas me donner à 110 %.

Tout cela me faisait du bien.

« La règle, c'est la règle ! » me direz-vous peut-être. Mais maintenant, je réponds : « Eh non, la plupart sont seulement des suggestions. »

J'ai bien fait de leur désobéir, à ces règles tacites. Cela a réduit ma dose de stress quotidien, augmenté ma confiance en moi ainsi que mon sentiment de puissance. Mais en plus, cela m'a permis de devenir une meilleure employée et une meilleure personne en règle générale. Il est beaucoup plus facile d'être créatif et efficace quand on se concentre sur les véritables challenges, plutôt que sur ceux qui nous sont « suggérés ». Et quand vous sortez avec vos amis ou que vous rentrez chez vous retrouver votre conjoint après une journée productive et calme, vous êtes aussi de bien meilleure compagnie.

MAIS DONNEZ-LUI UN COUP DE TASER, BON SANG !

Il y a une autre règle dont j'aime m'affranchir, mais vous n'en avez peut-être jamais entendu parler. Et si c'est le cas, vous trouvez peut-être étrange que le mot « Taser » soit affublé d'une belle lettre majuscule en début de mot. Moi aussi, je trouve ça étrange. Mais comme j'ai passé pas mal de temps en compagnie de relecteurs-correcteurs, il se trouve que je sais que le mot « Taser » est une marque déposée, et devrait donc toujours porter une majuscule, même si la plupart du temps, les gens l'utilisent comme un nom commun se référant aux armes qui soumettent l'adversaire à une décharge électrique pour le neutraliser. (Même chose pour « Kleenex », que vous utilisez sans doute aussi souvent que « mouchoir », ou pour « Xanax », votre « anxiolytique » préféré.) Ceci étant dit, dans ma vie non professionnelle – et donc, sur les réseaux sociaux – j'ai décidé de me rebeller! Grâce à un certain Donald J. Trump, et à la colère qu'il éveille en moi, j'ai eu de multiples opportunités d'utiliser le mot « taser » sur Twitter (comme dans « Ah! mais faites-le taire! Quelqu'un a un taser? » ou dans « Neutralisez-moi ce malade #taser »). Et je n'y ai pas mis de majuscule. Peut-être que du point de vue du code typographique, c'est incorrect, mais je trouve que ça a une meilleure gueule comme ça. Et de toute façon, si quelqu'un doit se prendre un procès pour Tweets brouillons et bancals, il y a un « leader du monde libre » (ha ha ha) qui est sur les rangs, loin, loin devant moi.

La clé pour faire comme vous le sentez (sans devenir un psychopathe), c'est de savoir quelles règles peuvent être contournées ou ignorées, et comment le faire de manière constructive. Une astuce pour peser le pour et le contre : **Si une règle vous blesse ou vous contraint plus qu'elle n'aide les autres, alors elle peut être contournée ou ignorée**.

Pour vous aider à démarrer dans l'identification de ce genre de règles et dans la lutte à leur encontre, je vais m'appuyer sur cinq des plus connues (celles que je déteste le plus, comme je l'ai déjà dit plus haut). L'occasion, pour moi, de vous offrir une alternative sur chacune d'entre elles. Par « alternative », j'entends « point de vue diamétralement opposé, que certaines personnes n'accepteront jamais mais qui semble parfaitement logique si on y réfléchit un instant. »

Par exemple, dans « Ne sois pas égoïste », je vous expliquerai pourquoi on accorde trop d'importance à l'abnégation, et comment penser d'abord à soi profite souvent à tout le monde, et pas seulement à vous-même. Dans « Fais de ton mieux », j'écrirai une lettre à la personne que j'ai été, plus jeune, comme un conte moral à l'attention des perfectionnistes de tous âges. J'expliquerai aussi pourquoi il me semble important de défendre vos convictions (« **Arrête d'être casse-couilles** »), de voler de vos propres ailes (« **Faut pas la jouer perso** »), et de prendre des risques mesurés (« On ne démissionne pas d'un poste stable »).

Quand vous aurez pris l'habitude de ne pas faire ce qu'on vous dit de faire et de faire ce qu'on vous dit de ne pas faire, nous serons prêts à aborder une cause un peu plus insidieuse du MSV, à savoir « les attentes des autres gens ».

Mais ça, ce sera dans la troisième partie.

NE SOIS PAS ÉGOÏSTE*

* RÉAPPROPRIEZ-VOUS CE MOT, LA VIE EST COURTE

Ces dernières années, je me suis investie de la mission de **déstigmatiser l'égoïsme**. Je sais, c'est une noble quête, mais il faut bien que quelqu'un s'en charge.

Dans *La magie du «j'en ai rien à foutre !»*, j'ai associé l'égoïsme au fait de se débarrasser de choses dont on ne veut plus – pas seulement des objets, mais aussi des obligations, des relations, des activités, de toute prise de tête, en fait. Pourquoi passer un temps que vous n'avez pas, avec des gens que vous n'aimez pas, à faire des choses que vous n'avez pas envie de faire ? Un peu de désencombrement mental permettra déjà de bien déblayer tout ce bordel : égoïstement, vous poserez des limites et apprendrez à dire non pour pouvoir vous concentrer sur ce qui vous apporte de la joie.

Arrête de déconner ! comporte toute une section sur **la recherche égoïste de « temps pour soi »**, que je suggère de prévoir dans son agenda, de la même manière qu'on le ferait pour un rendez-vous chez le dentiste. Parce que si on ne se ménage pas un moment spécifique pour un bon bain plein de mousse ou un parcours de golf, personne ne le fera pour nous. Votre patronne est bien trop occupée à vous donner des choses à faire, vos amis sont bien trop occupés à vous inviter à tel ou tel événement, et votre enfant est bien trop occupé à refuser de faire les siestes que vous feriez volontiers vous-même (vous seriez même prêt à tuer quelqu'un pour ça). Ce temps, vous en avez besoin pour recharger vos batteries pour EFFECTUER toutes ces tâches, pour vous AMUSER à toutes ces teufs, et pour NE PAS TUER NI VOTRE ENFANT NI QUI QUE CE SOIT D'AUTRE.

Me voilà donc, dans *Fais comme tu le sens*, à tripler la mise.

Et cet assaut toutes griffes dehors contre le contrat social, je le lance avec la règle qui gouverne à toutes les autres règles, cette règle maîtresse dont on vous a sans doute enseigné qu'il ne fallait pas l'outrepasser. Pourquoi ? Parce qu'en ce qui me concerne, **l'égoïsme est une qualité parfaitement saine**, et dans les circonstances adéquates (dans la plupart des situations, en fait), « Sois égoïste ! » constitue un conseil bien plus pertinent.

Si vous avez été un gentil garçon ou une gentille fille toute votre vie, vous aurez peut-être du mal à vous faire à l'idée. Cela peut vous sembler bizarre, voire carrément nocif. J'entends. Littéralement, presque. Parce qu'en dépit des innombrables conversations positives que mes livres ont engendrées autour des tabous culturels, comme sécher des baptêmes et détester l'Islande, je reçois encore des messages d'animateurs radio, de podcasteurs, et de parfaits inconnus qui me disent qu'ils ne peuvent tout simplement pas adhérer à mon discours.

Sur cette règle-là, la résistance est puissante.

Et je comprends. On a été nourris, gavés de « Ne sois pas égoïste » depuis tout petits, depuis le bac à sable municipal, où l'égoïsme équivalait à blesser l'autre, ou à seulement penser à soi, au détriment d'autrui.

Nos parents nous ont dit de ne pas garder nos jouets pour nous-mêmes. Les parents d'autres enfants disaient à nos parents de nous dire de ne pas garder nos jouets pour nous-mêmes. Et si nous n'écoutions pas ces conseils, si nous gardions égoïstement nos joujoux, nous nous faisions gronder. Un jour, j'ai reçu pour mon anniversaire un énorme pistolet à eau (c'était plus un fusil à pompe qu'un pistolet, en fait). En essayant de le récupérer des mains d'un gosse qui pensait que c'était normal que je « partage » ce jouet avec lequel je n'avais même pas encore pu jouer, je me le suis pris dans la figure. Je n'ai pas été traumatisée, mais force est de constater que des histoires comme ça, on en a tous.

On nous a dit que partager, c'était une marque d'amour. Par extension, ne pas partager, c'était une marque de désamour. Si on ne donnait pas le meilleur de ses jouets, c'était « mal ». Et c'est une bonne leçon à enseigner aux petits, qui se familiarisent à peine avec le contrat social, mais cela ne devrait pas nous obliger à donner le meilleur de NOUS-MÊMES, sans la moindre restriction, à tous et pour toujours.

Nous sommes des adultes, maintenant. Nous sommes en mesure de comprendre les nuances. Et si vous vous lancez dans le grand bac à sable de la vie en étant complètement altruiste et jamais égoïste le moins du monde, vous finirez avec zéro jouet, à regarder les autres enfants se marrer sans vous. (Ce qui pourrait se finir comme une version adulte de l'épisode du pistolet à eau.)

Alors, avec tout le respect que je dois aux gens qui nous ont élevés, il est temps que je fasse bouger cette ligne tracée dans le bac à sable. Je m'y attellerai avec logique, raison, et un petit coup de main de Vanilla Ice.

On ne peut pas satisfaire la Terre entière, alors il faut déjà se satisfaire soi-même

Ricky Nelson le chantait déjà en 1972 et ma foi, il n'avait pas tort ! Vous ne pourrez jamais satisfaire tout le monde. Il y aura toujours quelqu'un pour penser que vous devez impérativement vous rendre à des teufs auxquelles vous n'avez aucune envie d'aller, passer dix-huit ans (sans compter les treize heures d'accouchement) à élever un enfant non désiré, ou partager votre bonne vieille Regina de chez Pizza Hut parce que votre copine a voulu expérimenter et commander, quant à elle, une obscure « pizza du moment » au poulet et à la crème, et qu'elle regrette ses choix de vie.

Quand cette incarnation de Jugien de la Jugeance apparaît sur votre radar et tonne : « Ne sois pas égoïste », ce qu'elle dit vraiment, c'est :

- « Ce n'est pas parce que tu penses avoir mieux à faire avec les 500 dollars que te coûteraient le voyage et l'hôtel qu'il faut que tu loupes le mariage de cette cousine que tu n'as pas vue depuis trente-quatre ans. »
- « Ne prive pas le monde d'une huit milliardième personne juste parce que tu n'as pas la fibre parentale (ou parce que tu n'as pas envie de te faire déchirer le vagin et/ou l'abdomen en deux). »
- « Ne mange pas ce dîner que tu te faisais une joie d'engloutir seule, uniquement parce que Diana ne manque jamais une occasion pour «essayer des trucs nouveaux». »

Et d'ailleurs, elle pourrait juste se contenter de dire :

« Ne sois pas heureuse à ce point. »

Dans chacune de ces situations, vous avez défini la manière dont vous souhaitez être traité – à savoir : vous voulez qu'on vous laisse gérer votre argent ainsi que votre système reproducteur comme vous l'entendez, et profiter de votre repas sans vous faire assaillir par des vautours. Je présume que vous êtes prêt à accorder ces privilèges à autrui, parce que vous n'êtes pas Jugien de la Jugeance, vous, bordel !

Et d'ailleurs, c'est quoi, son problème à lui ? Pourquoi Jugien n'a-t-il pas envie de vous voir heureux ? C'est peut-être que sa définition du bonheur ne correspond pas à la vôtre. Ou peut-être qu'il est malheureux et qu'il aimerait avoir de la compagnie. (Vous savez ce qu'on dit, la misère adore la compagnie.) Peut-être aussi que Jugien ne ressent pas autant de bonheur que vous lorsqu'on lui présente une pizza Regina. Qui sait ? Mais du moment que vous n'êtes ni un trouduc, ni un insupportable connard, ni un psychopathe, on s'en contrefout !

Connaître, réclamer, chercher à obtenir et à préserver ce qui vous rend heureux est peut-être égoïste. Mais c'est malin, aussi.

LE BONHEUR INDICE 30

Le blocus mental qui se dresse chez beaucoup de gens contre l'égoïsme émane du fait que nous l'envisagions comme un travers qui prive l'autre de quelque chose. Essayons plutôt de le voir comme une qualité par laquelle nous préservons notre bien-être. Est-ce que vous prenez le temps d'attacher votre ceinture de sécurité quand vous montez en voiture ? De vous badigeonner de crème solaire quand vous allez à la plage ? Est-ce que vous allez vous coucher quand vous êtes fatigué ? Est-ce que vous buvez de l'eau quand vous avez soif ? Si la réponse est oui à l'une ou l'autre de ces questions, alors vous êtes déjà un expert en protection de vos propres intérêts ! Il faut être égoïste sur ces questions-là, parce qu'à moins que vous ne soyez un enfant en bas âge ou un milliardaire avec des servants pour céder à chacun de vos caprices, personne ne fera toutes ces choses-là pour vous. Or, il en va de même pour la préservation de votre bonheur. C'est merveilleux de vivre et nourrir des relations avec des amis, des membres de votre famille et des amants, et de se rendre heureux les uns les autres. Mais tout ce que je dis, c'est que si vous oubliez de mettre votre crème solaire, qui est responsable de vos coups de soleil ?

Le fait est que Jugien de la Jugeance et la Police de l'Égoïsme vont se pencher sur votre cas quoi qu'il arrive. Juste parce qu'ils sont comme ça. Nous avons tous grandi dans le même bac à sable, mais eux y sont encore. Fort heureusement, pendant qu'ils perdent leur temps à sécuriser le périmètre, vous, vous lisez ce livre et vous reprenez votre vie en main.

Ricky Nelson avait raison. On ne peut pas satisfaire tout le monde, alors autant commencer à se satisfaire soi-même !* Tiens, d'ailleurs, si j'étais vous, je me lancerais là-dedans dès aujourd'hui, parce que ce qui caractérise le fait de se faire plaisir, c'est qu'on ne sait pas combien de temps encore on va pouvoir le faire.

Tout le monde meurt

J'imagine que lorsque mon éditeur a lu le titre ci-dessus, un vieux réflexe primitif l'a fait s'emparer de son iPhone pour me demander, séance tenante, de « commencer la deuxième partie sur une note plus légère ». Mais écoute-moi bien, Mike. L'avion privé de Ricky Nelson ne s'est crashé le soir du Nouvel An 1985 pour que nous fassions les délicats sur la mortalité. Restez avec moi : je suis sur le point de vous sortir un raisonnement imparable, pile comme vous les aimez.

La mort est le plus grand agent d'égalité. Elle n'épargne personne et n'offre pas de seconde chance**. À mon avis, sachant cela, on devrait passer chaque heure de notre vie à « en profiter au maximum », à « cueillir le jour », et autres objectifs que l'on

* Ricky Nelson est un chanteur américain décédé dans un accident d'avion au Texas en 1985. L'auteure fait ici allusion à son plus grand tube, « Garden Party », dans lequel il chante : « Ya can't please everyone, so ya got to please yourself ».

** Sauf si vous croyez à la réincarnation, ce qui n'est pas mon cas. Cependant, si elle existe, je souhaite pour ma part être réincarnée en lézard, pour passer mes journées allongée sur une pierre chaude à ne rien faire. Voilà, c'est dit.

peut lire sur des affiches gnangnan, et pas dans un livre insolemment profane de sagesses non conventionnelles.

Mon affiche à moi, elle ressemblerait à ça :

Paulo Coelho peut aller se rhabiller, non ?

Écoutez, je sais que c'est vachement morbide, mais avec toutes ces possibilités qui nous sont offertes par la vie, ces choix, ces dénouements, sans parler des avis des autres à se coltiner et le fait qu'on n'ait à ce jeu qu'une seule et unique chance – une seule vie, quoi, pas comme dans *Mario Kart*, vous me suivez ? –, eh bien quand je pense à la mort, perso, ça m'aide à concentrer toute mon énergie sur l'objectif de vivre la meilleure vie possible.

J'avais six ans, la première fois que quelqu'un que je connaissais personnellement est décédé. Elle en avait cinq. C'était ma cousine Emily, née avec une fibrose kystique. Même si elle a passé la majeure partie de sa courte vie à l'hôpital, elle frappait par ce naturel joyeux qu'elle semblait renvoyer à la face de sa maladie incurable. Son cercueil trônant devant l'autel pendant que son père, mon oncle Bob, prononçait l'éloge funèbre, est un de mes souvenirs les plus anciens.

En décembre 2016, Bob est mort d'une crise cardiaque, à l'âge de soixante-sept ans. Cette fois, c'est moi qui ai prononcé l'éloge funèbre.

Les trente ans qui ont séparé ces deux enterrements ont été ponctués par les enterrements de certains de mes grands-parents, oncles et tantes, voisins et amis. Il y a deux mois, j'ai découvert, via Facebook, que mon tout premier petit ami était mort prématurément à l'âge de quarante-quatre ans. J'ai énormément de proches qui ont déjà dû dire au revoir à leurs parents, certains ont même enduré la mort précoce d'une sœur, d'un frère, d'un mari, d'une femme, et même d'un enfant.

Alors chaque fois que je me débats pour essayer d'obtenir ce que je veux ou que je dis non à quelque chose que je ne veux pas, je me force à penser qu'à l'inverse de beaucoup de gens que j'ai connus et aimés, j'ai la chance d'avoir la possibilité de le faire. La mort est un épisode tragique et dévastateur. Mais au moins, la personne qui décède est soulagée, quand les lumières s'éteignent et que la dernière synapse tire le rideau. C'est fini. La paix, enfin. Plus de temps sur l'horloge pour regretter quoi que ce soit. Alors que nous autres, qui restons plantés là, sur la Terre des vivants, avons *tout le temps* que nous voulons pour nous fricoter avec les hordes débordantes de peurs, de regrets, et de « et si ? » qui nous assaillent à la mort d'un être cher.

Sauf que peut-être qu'en fait, non. Peut-être qu'en fait, comme Emily et Bob, du temps, nous n'en avons pas beaucoup. Vous voyez où je veux en venir ? Si votre temps sur Terre est limité – et je suis désolée de vous l'annoncer, mais c'est le cas – alors **pourquoi poser des limites au bonheur que vous pouvez vous octroyer là, tout de suite ?**

« Vous utilisez ce mot sans arrêt... »

... mais je ne pense pas que vous en connaissiez véritablement le sens.

Bon, ça va aller, pour la morbidité. (Mais merci de m'avoir laissée en parler, Mike, tu déchires !) Maintenant, on va faire un peu de sémantique. Car chaque contrat comporte une faille, et j'aurais tort de ne pas la trouver pour prendre les devants et l'exploiter, comme le ferait n'importe lequel de mes lecteurs avertis.

Dans le dico, on me dit qu'égoïsme signifie « attachement excessif porté à soi-même et à ses intérêts, au mépris des intérêts des autres ». Alors, oui, clairement, si on prend cette définition au pied de la lettre, je comprends pourquoi tant de gens ne sont pas encore convaincus que l'égoïsme puisse être envisageable, ne serait-ce que dans certains cas. Ça n'a pas l'air très sympa. Je dirais que sur l'échelle des trucs-que-vous-ne-voulez-pas-qu'on-dise-de-vous, c'est à égalité avec « dégage une forte odeur de fromage qui pue » et « maltraite des chiots ». En tout cas, ça vous rapproche dangereusement du spectre psychopathe. Voire, ça vous met un pied dedans – vous l'aurez remarqué, je tiens les psychopathes en piètre estime. Mais en dépit de ce que les « gens » qui écrivent des « dictionnaires » essayent de vous faire croire, **en matière d'égoïsme, il y a toute une PUTAIN D'ÉCHELLE entre le bien et le mal.**

Être égoïste peut aussi signifier « prendre d'abord soin de ses propres besoins *pour ensuite* considérer ceux des autres », ou encore « prendre soin de soi quand cela n'a pas le moindre impact, négatif ou positif, sur qui que ce soit d'autre ».

Être égoïste n'est donc pas toujours une mauvaise chose. Cela ne devrait pas être aussi controversé. Avoir envie de prendre soin de soi n'a jamais empêché personne d'être dans le même temps généreux, attentionné, à l'écoute et empathique envers les autres. C'est peut-être même ce qui nous PERMET de le devenir. (Vous vous rappelez comment je séchais égoïstement la réunion marketing du jeudi, pour me ménager une heure de sommeil réparateur en plus ? Laissez-moi vous dire que j'étais d'*excellente compagnie* le reste de la journée.)

BON ÉGOÏSME	MAUVAIS ÉGOÏSME
Vous assurer de dormir huit heures par nuit pour être frais et pimpant pour passer du temps avec votre famille.	Vous endormir sur le canapé à pas d'heure en attendant de votre famille qu'elle se fasse toute petite pendant huit heures.
Prendre en main la commande de votre groupe de potes au restau – par gentillesse et pour être certain d'obtenir ce que vous voulez.	Commander la même chose pour tout le monde (le plat que, justement, vous avez envie de vous envoyer là tout de suite).
Vous réveiller tôt pour squatter la meilleure place au bord de la piscine de l'hôtel.	Étendre votre serviette sur trois chaises longues au bord de ladite piscine et retourner vous coucher plusieurs heures.
Mettre votre masque à oxygène avant d'aider votre voisin à mettre le sien.	Chourer le masque à oxygène de votre voisin.

Le bon égoïsme, c'est tout simplement le fait de prendre soin de soi – un concept qui alimente des industries qui valent des milliards, qui sert à vendre des magazines et qui permet à Gwyneth Paltrow d'occuper ses journées pour les millénaires à venir. Tous les gens qui gravitent dans ce domaine ont compris cette idée. Pourquoi pas vous ?

Et parfois *il faut* même que vous soyez égoïste ***pour être en mesure*** **d'aider les autres** – comme quand vous mettez votre masque à oxygène avant d'aider votre voisin paniqué. On n'est pas d'une grande utilité quand on s'est évanoui par manque d'oxygène, et ce n'est pas moi qui le dis, c'est la Direction de l'aviation civile.

SEPT SITUATIONS DANS LESQUELLES VOTRE ÉGOÏSME PROFITE AUX AUTRES

1. Si vous rentrez chez vous au pas de course pour binge-watcher égoïstement «House of Cards» au lieu d'aller à la soirée organisée par votre boîte, tout le pinot gris que vous ne boirez pas revient de droit à vos collègues assoiffés.

2. Si vous monopolisez égoïstement les commandes de la radio lors d'un voyage en voiture, vous épargnez à tous les passagers l'adulation gênante que votre Papa nourrit à l'égard d'Andy Borowitz*.

3. Si vous enregistrez égoïstement «Top Chef» alors que votre coloc voulait absolument se regarder « Un Trésor dans votre maison », diffusé au même moment, vous le protégez de l'idée saugrenue que les vieux tisonniers en laiton de sa grand-mère lui permettront de payer son loyer le mois prochain.

4. Si vous choisissez égoïstement de ne pas offrir à vos parents de petit-enfant à pourrir de cadeaux, vous protégez le monde d'un être vivant qui dégagera 5,7 fois plus de dioxyde de carbone que vous. Vive l'écologie !

5. Si vous déclinez poliment de participer au tournoi de

* Andy Borowitz est un comique américain connu à l'échelle internationale pour être le créateur de la série télévisée *Le Prince de Bel-Air* (N.d.T.).

foot parents-enfants de votre gosse, vous épargnez au père de Marcy de déchirer son pantacourt et de se fouler la cheville en tombant à cause de votre tacle de pro.

6. Si vous décidez égoïstement d'habiller votre chien avec un petit imper rose et des bottines assorties parce que VOUS trouvez ça adorable, il pourra VOUS remercier quand il pourra rester au sec lorsqu'il sortira faire ses besoins les jours de pluie.

7. Si vous prenez égoïstement un morceau du gâteau avant de le servir à vos invités, vous montrez à trois autres convives au moins qu'ils ont le droit d'en prendre aussi. Il faut montrer l'exemple!

Jugien peut me traiter d'égoïste autant qu'il le souhaite, j'ai ma conscience pour moi. Je sais que je ne suis pas égoïste au détriment de qui que ce soit. Peut-être qu'il m'arrive de ne pas me rendre à des fêtes d'anniversaire parce que j'éprouve un « attachement excessif » à la jouissance de mon propre temps, mais je le fais pour finir ce livre pour VOUS aider à en faire autant sans culpabiliser.*

Et puis à vrai dire, ça ne me pose aucun problème d'afficher un attachement excessif à mes propres intérêts, pas plus que de l'admettre publiquement.

Vous aussi, vous pouvez être égoïste sans culpabiliser, si vous y réfléchissez un peu. Voici trois astuces pour vous y mettre :

Faites équipe avec votre opposé

Je suis certaine que certains parents se décrivent eux-mêmes comme étant « du matin », et pour lesquels une

* Désolée, John. Désolée, Sitso. Joyeux anniversaire en retard à tous les deux!

heure à soi plus tard dans la journée – juste avant que les enfants ne rentrent de l'école – c'est juste le #paradis. Si vous, qui n'êtes « pas du matin », vous laissez culpabiliser par la Police de l'Égoïsme au point de vous porter volontaire pour emmener les enfants à l'école le matin, vous n'aidez nullement le parent « du matin », qui se retrouve à devoir faire la sortie d'école – pile à l'heure où l'énergie qu'il tient de son smoothie bio multivitaminé vegan se tarit. C'est ce qu'on appelle le perdant-perdant. Il faut que vous trouviez un yin pour votre yang et que vous UNISSIEZ VOS FORCES ! Vous faites la sortie d'école sans culpabiliser, et ces lève-tôt invétérés se feront une joie d'assurer le trajet du matin pour avoir un peu de liberté en fin de journée. (Dans ta face, Jugien !)

Innovez

La tradition est l'ennemie de l'égoïsme, parce qu'elle permet aux générations passées de prendre certaines décisions à votre place. Vous n'avez même pas votre mot à dire, et certainement pas le droit d'être « excessivement attaché » à votre bien-être. Tout ce que vous avez à faire, c'est vous crapahuter chaque été dans cette vieille baraque en bois humide en pleine forêt parce que c'était ce que vos parents faisaient, et leurs parents avant eux. Alors, je remarque simplement que maintenant, vous êtes un adulte, avec un penchant tout nouveau pour les gnocchi ainsi qu'une préférence pour la côte amalfitaine au détriment des balades dans les forêts humides. Il est peut-être temps de lancer votre propre tradition – quitte à agacer les générations futures avec. Chacun son tour. Il va falloir faire ce qu'on appelle un « compromis » – car, dois-je le rappeler, vous n'êtes pas un monstre. Alors, pendant que vous mettez en place votre propre tradition, consistant à passer votre temps libre comme bon vous semble, vous pouvez *impliquer* votre famille dans l'équation, d'une manière ou d'une autre. Par exemple, en instaurant cette autre tradition, qui consistera, pour vous, à ramener une bonne bouteille (alcoolisée, s'entend) de chacun de vos voyages pour recréer du lien à Noël.

Votre absence est leur cadeau
Je suis une grande fan du je-peux-pas-venir-mais-j'offre-un-cadeau en guise de réponse à une invitation. Ce concept fait d'une pierre deux coups : il me permet de ne pas faire quelque chose que je n'ai pas envie de faire, et d'offrir à la personne qui m'a invitée une bonne bouteille de champagne, un lot de bodies à l'effigie de super-héros, ou une boîte de croissants surgelés – mes PRÉFÉRÉS. Alors peut-être que je ne pourrai effectivement pas venir à la soirée pour fêter votre retraite, mais ça vous fait un convive en moins (à 50 dollars l'entrée-plat-dessert au Relai du Cerf, ça vaut le coup) *et* je vous envoie par colis une nymphe, une noyée et une sèche*. En outre, quand je ne peux pas me rendre à un événement, je suis en général plus généreuse que lorsque j'y vais (ça me coûte en temps, en argent et en énergie) et que je ramène un cadeau. Je connais des neveux et nièces qui vont avoir de belles surprises dans leurs enveloppes de bar-mitzvah et de bat-mitzvah.

Honnêtement, il existe une foule d'autres bonnes raisons de se jeter dans l'égoïsme à corps perdu et j'aimerais pouvoir revivre la joie profonde que l'on ressent quand on la teste pour la première fois. Je suis jalouse de vous, les amis. Pro-fi-tez !

* C'est comme ça qu'on appelle les mouches, dans la pêche à la mouche. C'est pas possible d'avoir l'esprit mal tourné à ce point !

L'ABNÉGATION, PÈRE DE TOUS LES MYTHES

Enfin, comme on en parle, et comme c'est à ça que servent les anti-gourous, je vais révéler au grand jour certains aspects délétères de l'abnégation. Nos amis de chez Larousse considèrent que l'abnégation, c'est le « sacrifice total au bénéfice d'autrui de ce qui est pour soi l'essentiel ».

Total, le sacrifice. Pas partiel. Total.

Ça vous semble tenable, comme posture, à vous ? Peut-être que oui, si vous vous appelez Mère Teresa, mais vous avez vraiment envie d'une vie comme la sienne ? (Si la réponse est oui, vous n'avez pas choisi le bon livre.)

Et de toute façon, il est tout à fait possible d'être quelqu'un de bien et de faire le bien autour de soi sans consacrer son existence tout entière à cette posture contre-productive et souvent autodestructrice consistant à un *sacrifice total* de ce qui fait notre essence.

Prenez une autre mère que Teresea. Tenez, par exemple, prenez ma mère à moi. Si vous connaissiez Sandi, vous penseriez probablement à elle chaque fois que vous entendez le mot « abnégation ». Vous avez besoin d'aller d'un point A à un point B ? Elle fait le chauffeur (elle sera là dans cinq minutes). Un petit creux ? Elle est déjà en train de vous préparer un sandwich au thon. Est-ce que votre température corporelle est ridiculement haute, à tel point que vous ayez besoin de la clim en plein mois de décembre ? Aucun problème. Elle enfile un troisième pull.

Est-ce que ma mère fait preuve d'abnégation ?

Oui, la plupart du temps.

Mais même si elle en fait plus pour les autres que la plupart de ses congénères, elle s'attache aussi à prendre soin d'elle, tous les jours. Elle se fait des grasses mats alors que, *théoriquement*, elle pourrait préparer le petit déjeuner pour quelqu'un d'autre qu'elle. Elle communie avec Wolverine – X-Men viril et star de la franchise éponyme – alors que mon père est assis juste à côté d'elle sur le canapé et serait ravi de papoter avec elle. Elle refuse de me laisser gagner au Scrabble, moi, sa seule fille, son aînée, la chair de sa chair, alors que je *déteste* perdre à ce jeu ô combien addictif.

« *Sacrifice total* », mon cul, ma chère mère.

Ce que j'essaye de vous dire, c'est que ces touches d'égoïsme qu'elle distille dans sa journée (par le biais desquelles elle prend soin d'elle) ne remettent pas en cause sa capacité à faire preuve d'abnégation. Si elle veut continuer à faire à ce point le bien autour d'elle (et des sandwiches au thon qui l'ont rendue célèbre), il faut bien qu'elle recharge les batteries de temps en temps.

De la même manière, ce n'est pas parce que j'aime vivre dans le calme et la paix (et que je fais tout pour) que je ne garderai *jamais* les enfants d'un ami. (D'ailleurs, tenez, je l'ai déjà fait, deux fois.)

Est-ce qu'il existe des gens purement égoïstes ? Oui, et ce sont des monstres. Vous n'avez pas envie d'être comme eux. Mais sachez bien que la vie n'est pas marrante pour les gens qui souffrent d'abnégationnite aiguë.

Oui, ils remporteront peut-être un jour le prix Nobel de la Paix, mais ils se retrouvent souvent à financer leurs enfants tout au long de leur vie d'adultes, à faire de la prison pour les malversations de leurs patrons, et à se faire bouffer en premier en cas de naufrage sur une île déserte. Et c'est triste à dire, mais s'il ne leur arrive jamais rien de bien, c'est à cause d'*eux-mêmes*.

Et si vous veniez faire un tour dans le juste milieu, avec Sandi et moi ? Il y fait bon vivre à cette époque de l'année.

J'ai appris tout ça grâce à Vanilla Ice

Les arguments en faveur de l'égoïsme que je viens de vous exposer vous demanderont peut-être un temps d'adaptation. Il faut que vous vous débarrassiez du conditionnement de toute une vie, mais aussi que vous choisissiez de me croire, au détriment du dictionnaire. Je pense que vous en êtes capable. Mais si vous avez du mal à accepter que l'égoïsme, c'est une qualité utile et forcément bonne, si vous avez du mal à le déployer avec assurance, je veux vous laisser un petit quelque chose en plus pour vous rassurer dans les moments où vous serez rongé par le doute.

Malheureusement, je n'ai pas [encore] le droit de fabriquer des mots qui soient instantanément adoptés par les linguistes du monde entier. Mais mon agent y travaille. En attendant, pour conclure sur cette faille sémantique que j'exploite depuis quelques pages, permettez-moi au moins de vous offrir une nouvelle approche à une zone grise bien connue.

Il s'agit d'effectuer un petit ajustement, similaire à la pirouette réussie avec maestria par Vanilla Ice (Robert Matthew Van Winkle de son vrai nom) pour reprendre le tube interplanétaire de Queen et David Bowie, « Under Pressure », pirouette grâce à laquelle il a créé son morceau à lui : « Ice Ice Baby »*. Ma solution, comme celle de Vanilla Ice, facilite la vie et profite à tous. Personne n'aura à apprendre un nouveau mot (ou une nouvelle ligne de basse) ; il nous suffira de mettre l'accent sur une autre syllabe, et continuer notre journée comme si de rien n'était.

---

* « Oui, on l'a samplé à partir de leur morceau, mais ce n'est pas la même ligne de basse. Chez eux, c'est "ding ding ding di di ding ding... ding ding ding di di ding ding". Ça fait ça, dans «Under Pressure». Alors que chez nous, ça fait "ding ding ding di di ding ding... DING... ding ding ding di di ding ding". » Déclaration de Vanilla Ice sur MTV en 1990.

Voilà comment ça fonctionne : si vous en avez assez que Jugien de la Jugeance vous traite d'égoïste quand vous vous comportez d'une manière qui vous rend service SANS mépris pour le bien-être d'autrui (voire en rendant carrément service à quelqu'un d'autre dans le même temps), dites-lui que ça se prononce éGOïste, mais que oui, vous l'êtes, et que vous le revendiquez haut et fort, par-dessus le marché, merci beaucoup !

Égoïste (adj.) [se prononce é-GO-ïste] : prendre soin de soi sans être un trouduc, un insupportable connard ou un psychopathe.

En d'autres termes, et si on suit les exemples des pages 75 à 76 :

> S'il est éGOïste de laisser les autres parents se porter volontaires pour amener la tribu à l'école parce que vous n'êtes pas opérationnel avant huit heures du mat' – mais que du coup vous faites les sorties d'école pour qu'ils puissent regarder leur émission préférée dans le calme : c'est impec.
>
> S'il est éGOïste de passer vos vacances d'été à voyager en solo sur la côte amalfitaine plutôt que de perpétuer une tradition familiale de camping, de bouillasse et de feux de camp – mais que vous vous pointez à Noël avec des bouteilles de grappa artisanale pour tout le monde : rien à redire.
>
> S'il est éGOïste de ne pas assister à une fête parce que vous n'avez pas envie d'y aller ou parce que vous êtes trop occupé par ailleurs – mais que vous envoyez un chouette cadeau pour l'occasion : vous déchirez.

> Et si être éGOïste vous rend plus heureux, plus calme et plus généreux : alors qu'il en soit ainsi.

Échec et mat, le Dico.

La troisième fois, c'est la bonne

Pour récapituler : dans *La magie du « j'en ai rien à foutre ! »*, nous avons appris à mieux sélectionner les choses dont nous avons à foutre, en disant non – un acte souvent perçu comme égoïste quand « non » n'est pas la réponse que votre interlocuteur a envie d'entendre. Et bien sûr, si vous le dites d'une manière agressive ou franchement diplomate, ça peut être mal vu. C'est pourquoi vous avez besoin de la méthode MêmePasDésolé. Honnête et polie. **Faites passer vos besoins en premier, mais n'en rajoutez pas des tonnes et n'envoyez pas chier qui que ce soit**.

Vous voyez, vous prenez leurs sentiments en considération ! Vous n'êtes pas totalement égoïste.

Dans *Arrête de déconner !*, nous sommes allés un peu plus loin dans la démonstration, en découvrant comment organiser (oui, égoïstement) le temps et canaliser l'énergie que vous consacrez aux choses dont vous avez quelque chose à foutre (y compris tout ce qui concerne le temps pour soi) et en tirer le meilleur.

Quand vous reprenez le contrôle de votre vie, la conséquence, c'est que vous devenez plus présent, plus en forme, plus sympathique et plus heureux – et cela profite à tous.

Pour cette raison, encore une fois, ce comportement ne relève pas de l'égoïsme pur.

Ici, dans *Fais comme tu le sens*, j'ai sorti l'artillerie lourde : la mort et les jeux de mots. Et si vous tombiez dans une bouche d'égout demain, et que vous vous brisiez la nuque dans votre chute ? Vous voudriez n'avoir pas mangé ce dernier bout de gâteau que, de toute façon, personne n'aurait osé manger, et qui aurait encombré le frigo de votre copine pendant trois jours – avant, au pire, de finir à la poubelle parce qu'elle l'aurait oublié ? Ben non. Et d'accord, c'est mal d'être égoïste (si c'est prononcé égoÏSTE). LÂCHE-MOI LA GRAPPA, OK ?

À l'inverse, être éGOïste... je pense que j'ai réussi à vous convaincre, non ? Et comme ce sont des homonymes, personne n'a besoin d'apprendre un nouveau mot. Ne me remerciez pas.

J'espère que vraiment, nous en avons fini avec cette histoire d'égoïsme, parce que j'ai d'autres choses à écrire et d'autres idées controversées à disséminer. (Si vous lisez ces lignes et que vous êtes animateur radio, attendez de lire ce que j'ai à dire dans la quatrième partie sur « la famille passe avant tout ».)

Et sans plus tarder, laissez-moi maintenant vous présenter les périls de la perfection humaine !

FAIS DE TON MIEUX*

** SAUF QUAND TU NE PEUX PAS. OU QUAND TU N'AS PAS ENVIE. OU QUE ÇA TE DONNE DES REMONTÉES GASTRIQUES.*

– J'ai une question pour toi, ai-je dit à mon mari.

– Oui, très chère ?

– C'est une question sérieuse. C'est pas une blague, et je le dis en passant, c'est pas non plus pour te critiquer. Je veux vraiment connaître la réponse.

Il a croisé les bras, et m'a regardée avec le regard entendu de l'homme qui vit avec une perfectionniste depuis deux décennies ou presque.

– C'est juste par curiosité...

J'ai hésité. Je ne voulais vraiment pas avoir l'air de le critiquer, je voulais en toute sincérité connaître la réponse. J'ai poursuivi :

– Si... Non. Quand... quand tu pends la serviette de bain... est-ce que tu la regardes et tu te dis « Elle est bien à plat », ou est-ce que tu remarques qu'elle est un peu chiffonnée par endroits, mais ça t'est égal ? Ou est-ce que... est-ce que tu pourrais...

– À ton avis ? a-t-il répondu, un sourcil redressé, force tranquille, à la Vin Diesel.

– Tu ne t'en rends pas compte, c'est ça ?

– Bonne réponse.

***

« La conversation de la serviette » illustre trois éléments : ma légère tendance aux TOC, le fait que mon mari et moi voyons parfois le monde de manière très différente, et la façon dont nous choisissons de contourner ce problème. Par exemple, j'ai toujours eu la mention Très Bien parce que la mention Bien me donnait des maux d'estomac. Lui se contentait de la mention Assez Bien parce que c'était le minimum vital pour que ses parents lui fichent la paix. Je suis très précautionneuse et précise, au travail comme à la maison. Lui, il est plus du genre taureau, à cogner d'abord et discuter ensuite – dans un magasin de porcelaine. Le moindre échec devient la preuve que je suis un sous-être humain. Lui navigue à travers ses erreurs sans chavirer le moins du monde.

Bien sûr, j'ai réussi certaines choses dans ma vie, et oui, la majeure partie de ces réussites, je les dois à ce travail méticuleux et attentif, à cette concentration, et à cette discipline dont je m'oblige à faire preuve. Je les dois aussi à une bonne dose de privilège et à de la perfection pure et dure, comme la fois où j'ai réussi un soufflé (C'est au sommet qu'il faut tirer sa révérence, mes chéris !). Mais je me suis aussi infligé toute une série de déconvenues à cause de ces mêmes qualités. **J'ai été exceptionnellement douée, mais j'ai aussi essuyé des contre-performances – et si je ne m'étais pas toujours mis à ce point la pression de réussir, lesdites contre-performances n'auraient pas été aussi dévastatrices.** (L'insomnie que j'ai faite après avoir mal orthographié « Hemingway » dans une dissertation quand j'étais au lycée, ce qui m'a valu la note de 17 au lieu de 18, m'a fait très mal.)

CINQ RAISONS POUR LESQUELLES C'EST MAL D'ÊTRE PARFAIT

1. Vous n'aurez jamais à demander de l'aide à ce prof trop canon. Votre fantasme ne se réalisera jamais.

2. Vos amis considéreront que c'est à vous d'organiser TOUTES LES FÊTES et de préparer TOUS LES SOUFFLÉS.

3. Votre facture Uber ne peut que baisser.

4. Personne ne vous inscrira en cachette à *Nouveau look pour une nouvelle vie*. Adieu, nouvelle garde-robe gratos.
5. Vous êtes condamné à passer la majeure partie de vos journées à avoir envie de taper sur tout ce qui bouge parce que personne n'atteint vos inhumains critères de perfection.

La Conversation de la Serviette a eu lieu il y a quelques années, avant que je devienne ce que je suis à cet instant – une perfectionniste qui se soigne. Aujourd'hui, me voilà de l'autre côté (ou, plus précisément, quelque part sur la frontière), en bonne place pour vous assurer que passer votre temps à faire de votre mieux et essayer d'être Parfait, avec un P majuscule, ce n'est pas aussi génial qu'on le prétend.

D'ailleurs, tenez :

QU'ELLE AILLE SE FAIRE FOUTRE, LA PERFECTION...

Voilà, c'est dit.

Il en faut, du courage, pour admettre que vous avez des défauts et que vous êtes vulnérable. Et être courageux, c'est mieux que d'être parfait, quel que soit le contexte. Accepter le fait que nous avons tous des défauts – et donc, des faiblesses – est la seule manière d'avancer et de prendre confiance en ce que l'on est, en qui l'on est.

C'est de l'acceptation de soi que naît la confiance en soi.

Et vous n'avez pas besoin d'être une perfectionniste née comme moi pour vous sentir obligé de « faire de votre mieux » au quotidien. C'est un refrain que nous avons tous entendu pendant nos compétitions de sport, quand nous étions petits, mais aussi avant chaque examen, au travail, et dans chaque émission de *Top Chef* que nous avons regardée. Les gens qui nous hurlent de faire de notre mieux, ceux qui nous le conseillent, ou même ceux qui nous le suggèrent le plus délicatement du monde n'essayent pas nécessairement de nous foutre en l'air de l'intérieur et pour l'éternité (et peut-être que pour eux, le « mieux » n'équivaut pas à la « perfection »), mais la pression monte à cause d'eux, quoi qu'ils en disent.

Fais de ton mieux. Sois le meilleur. Ce n'est pas le moment de te dégonfler.

Ces conneries vous rattraperont toujours si vous les laissez faire. Regardez : je les ai laissés faire, et me voilà pour la vie avec un fardeau à porter. C'est comme un membre de la famille. Je l'appelle Ernest.

Et Ernest et moi, on a des conseils à vous donner.

Que ferait Marty McFly ?

Dès lors que je suis devenue une « experte » en développement personnel, on s'est mis à me demander : « Si vous pouviez voyager dans le temps, qu'est-ce que vous diriez à la personne que vous étiez, plus jeune ? »

Ma réponse est toujours la même : « Rien ne t'oblige à être parfaite. »

(Cela dit, si je pouvais donner un deuxième conseil à la jeune femme que j'étais, je lui dirais : « Dans quinze ans, ce piercing de la langue à vingt-neuf dollars va te coûter sept cents dollars de dentiste, alors vraiment, réfléchis bien. »)

Malheureusement, nous ne vivons pas dans un film de Robert Zemeckis, et la jeune Sarah Knight ne recevra jamais les conseils de son moi du futur sur les dangers du perfectionnisme et des bijoux métalliques buccaux. Mais je suis prête à parier que la personne que vous êtes, là maintenant, pourra retirer quelque chose d'au moins un de ces conseils, alors j'ai pris la liberté d'écrire une lettre, tout de même, à Jeune Moi.

N'hésitez pas à la déchirer et à l'afficher dans votre casier, dans votre bureau ou dans votre salle de bain, ou même de la glisser dans votre tiroir à sous-vêtements. Du moment que vous pouvez y jeter un œil tous les jours. (J'espère vraiment que vous ouvrez votre tiroir à sous-vêtements une fois par jour, soit dit en passant.) N'hésitez pas non plus à la partager avec toutes les personnes dans votre vie qui perdent le sommeil à cause de leur bulletin de notes, des opinions de leurs collègues, ou de leur équipe de foot, pour laquelle ils font office de liant.

Chère Jeune Moi,

Faire de ton mieux, ou, si tu préfères, être continuellement au maximum de tes capacités, ce n'est pas tenable. Tu auras des mauvais jours, parfois tu tourneras au ralenti, parfois tu auras la gueule de bois, et si à chaque fois cela te pousse à remettre en question ta valeur en tant qu'être humain, sans te donner ne serait-ce qu'un peu de temps pour récupérer, tu fonces tout droit vers un réveil brutal qui devrait avoir lieu aux alentours de 1997.

Leçon #1 : Sois un peu tire-au-flanc de temps en temps, ou un jour, tu ficheras en l'air la fête de Noël.

Cela fera à peine six mois que tu seras à la fac, quand tu tomberas malade. Ça commencera comme un coup de froid classique, de type sinusite, et malgré ton front brûlant et tes ganglions, tu ne lâcheras rien. Tu assisteras à tous les cours, tu liras tout ce qu'il y aura à lire et tu rendras tes disserts à temps. Tu resteras convaincue qu'il est possible d'obtenir systématiquement la mention Très Bien dans une des meilleures universités du pays, comme tu l'as fait dans ton petit lycée de province. Ton réveil sonnera à l'heure tous les matins, et tu passeras toutes tes soirées à travailler jusque très tard. (En plus, tu ÉCRIRAS À LA MAIN toutes tes dissertations de littérature avant de les taper parce que les ordinateurs, c'est nouveau pour toi et que tu aimes souffrir.)

Bientôt, pendant les quelques jours qui suivront ton dix-huitième anniversaire, tu te retrouveras allongée sur le dos dans ta chambre à l'internat, avec une boule grosse comme une balle de golf dans le cou et tes nouveaux potes de la fac qui passent de temps en temps t'apporter du jus d'orange de supermarché, avec un regard inquiet.

Tu n'iras jamais te faire soigner. Actuelle Toi considère qu'on est en droit de penser que la cause de ce mal était un mélange de stress, de toxines et de manque de sommeil, et pour le soigner, tu seras rentrée à la maison dans ta bourgade de province, et auras passé les vacances allongée sur le dos tout pareil, en attendant que ce truc dégueu au cou s'en aille. (Ta famille a dû faire semblant de ne pas regarder ta bosse. Tu pouvais à peine tenir tes couverts au dîner du réveillon. Ce n'était pas beau à voir.)

Alors écoute-moi bien : s'accrocher à une idée de perfection jusqu'à ce que ton corps entreprenne une révolte à grandes lampées de mucus, ce n'est pas l'idée qu'on se fait d'un *Joyeux Noël**. Sans déconner : même Jésus faisait une pause le dimanche, et des gens vénèrent le sol qu'il a foulé de ses pieds.

* En français dans le texte (N.d.T.).

Leçon #2 : Toutes les perfections sont dans la nature.

Dans trois ans, tu auras vingt et un ans. Jeune diplômée, tu enchaîneras tes premiers boulots, et te feras licencier par diverses start-ups, avant de te retrouver à bosser au rez-de-chaussée d'une maison de ville dans le quartier le plus chic de New York, dans une ambiance morose embrumée par de la fumée de cigarette, pour une dame qui a rarement quoi que ce soit de sympathique à dire à qui que ce soit. C'est une dure à cuire, mais tu en feras une affaire personnelle : tu voudras à tout prix l'éblouir par tes talents, ton éthique professionnelle inégalée, et tes brillantes idées pour améliorer ses pratiques commerciales vieilles de cinquante ans.

Tu es convaincue que tu seras la meilleure assistante qu'elle aura jamais eue.

Contre toute attente (ou presque), tout se passera pour le mieux, jusqu'à ce jour, où tu feras une remarque innocente qui te vaudra une réprimande de sa part, qu'elle se fera une joie de t'envoyer en pleine poire. Tu auras beau te retenir de pleurer, ce sera plus fort que toi. En montant les marches vers son antre enfumée, elle se retournera pour te lancer : « Je suis contente que tu pleures : au moins, j'ai la certitude que tu es humaine. »

Et là, tu te rendras compte que cette femme te voyait comme une espèce d'automate. Tu étais Sarah-Toujours-Prête, mais en fait, au lieu de lui plaire, cela la hérissait. Parce que cette septuagénaire fatiguée du monde qui l'entoure savait que PERSONNE N'EST PARFAIT, et certainement pas une petite diplômée d'Harvard de vingt ans et quelques, pleine de toupet et de grandes idées. Dès lors, elle a attendu que tu dises quelque chose qui la mette en rogne, et quand c'est arrivé, elle a sauté sur l'occasion. Toi, tu étais aveuglée par ta naïve certitude qu'elle était incapable de te trouver le moindre défaut.

Eh bien tu sais quoi ? Tu peux étudier, faire tous les efforts et les courbettes possibles et imaginables, cela n'empêchera jamais un professeur de te donner une note subjective, un coéquipier de recueillir les lauriers pour un travail que tu auras fait, ou ton patron de te mettre le nez dans ton caca, que tu le mérites ou non.

Leçon #3 : C'est le kif, d'être un gangster.

Ça, ça va te remonter le moral. Tu auras à peu près vingt-sept ans, quand un des cadres seniors de ton entreprise t'accusera, par téléphone, d'être « la pire chieuse parmi toutes les putains d'éditrices avec lesquelles [il ait] bossé ». Et là, tu lui raccrocheras au nez. Quand il rappellera et dira à ton assistant qu'il veut « faire un pas vers toi », non seulement tu ne prendras pas son appel, mais tu décideras de ne plus jamais lui parler – et tu tiendras parole.

Leçon #4 : Pause. Sniffe tes nouvelles cartes de visite.

Les années passant, l'ambition restera autant une force qu'une boussole dans ta vie professionnelle. Cela n'a rien de répréhensible, en soi, mais au lieu de prendre le temps d'admirer la vue de ton nouveau bureau, tu auras déjà jeté ton dévolu sur un autre poste, quelques échelons plus haut. Tes réussites seront méritées et enthousiasmantes, mais le sentiment d'accomplissement et l'excitation s'évanouissent rapidement, à mesure que grandira de nouveau en toi l'envie de te surpasser.

Quelqu'un d'intelligent t'expliquera un jour que cela a un nom : c'est « l'adaptation hédonique ». Toi, tu persisteras à considérer que c'est juste « l'approche de la trentaine ». Puis « le début de la trentaine ».

C'est comme tous ces coureurs amateurs qui postent leurs performances sur Facebook, pris dans le cercle vicieux du « Jamais Assez ». La notion de « record personnel » implique que ce qu'ils ont fait la fois *précédente* – qui était, alors, l'ancien « record personnel » – n'était pas assez bien pour eux. Alors ils ont encore repoussé leurs limites pour faire encore mieux. JAMAIS SATISFAITS.

Bien sûr, il y aurait beaucoup à dire en faveur de la progression personnelle, mais si ton record personnel n'est *jamais* assez bon, à quoi bon essayer d'en établir un nouveau ? (Bon, tu n'es pas une coureuse d'ultra-marathon, mais cette leçon pourra t'être utile quand tu écriras quelques livres de développement personnel hyperpopulaires mais qu'Oprah semblera avoir définitivement égaré ton numéro.)

Leçon #5 : Tu n'es pas là pour tout faire pour tout le monde. Laisse les autres se démerder un peu, ça pourra leur servir.

Ça, tu t'en rendras compte assez rapidement, mais ça vaut le coup que je t'en parle au cas où quelqu'un d'autre que toi lise cette lettre, parmi lesquels Future Toi espère qu'il y aura quelques Allemands contents :

Sache que pendant que tu es là à parfaire ton *modus operandi*, il y a certaines personnes qui s'en rendront bien compte.

Et essayeront de te parasiter.

Ces gens verront bien que tu es une increvable machine à produire de l'excellence et, consciemment ou non, ils s'appuieront sur toi pour avancer. Ça t'arrive déjà à l'école quand tes petits voisins de table se dévissent la tête pour copier sur toi pendant les contrôles, mais ça t'arrivera aussi dans le monde du travail et dans certaines de tes relations amicales. Si tu étais en prison et que tu te retrouvais dans un gang, tu irais tous les jours à la salle de muscu et tes rivales finiraient toujours par te laisser porter leurs disques de fonte à leur place, que tu ajouterais gaiement à ta propre barre d'haltère jusqu'à ce que tu te laisses écraser sous le poids de ta propre génialitude.

Bref, ce que j'essaye de te dire, Jeune Moi, c'est de ne pas te retrouver en prison dans un gang. Mais aussi que déjà, faire de ton mieux, c'est épuisant, alors n'essaye pas non plus de faire de leur mieux à la place des autres. (En plus tu verras, c'est marrant de les voir galérer quand ils n'ont pas révisé.) Et si on les laissait faire de leur (propre) mieux, pour changer ?

Voilà, ma grande, c'est tout pour aujourd'hui. J'espère que tu prendras ces leçons très à cœur. Sauf que si c'est le cas, cela signifie que beaucoup d'événements décrits plus haut n'arriveront pas, et que tu n'écriras donc pas ce livre en 2018, ce qui signifie que Future Toi ne pourra pas t'écrire cette même lettre, ce qui signifie que... ce n'est pas plus mal qu'on ne vive pas dans un film de Robert Zemeckis. En résumé : oui, c'est un peu la merde pour toi à l'adolescence, et aussi entre vingt et trente ans, mais ce qui ne nous tue pas fait de nous des anti-gourous auteurs de best-sellers qui sont utiles à tout plein de gens, alors le dénouement n'est pas si catastrophique, j'imagine.

Avec toute mon affection,

Future Toi

P.-S. : Quel que soit le temps que tu passes à lisser les serviettes de bain, ton futur mari ou tes futurs invités ou ton futur chat vont de toute manière les chiffonner. Alors détends-toi.

D'accord, mais alors comment je me détends???

Je n'ai jamais eu de formule magique contre le stress, mais voici quelques astuces concrètes utilisées par Actuelle Toi (et donc par Actuelle Moi, si je suis mon propre raisonnement) pour faire baisser d'un cran le parfaitomètre dans nos vies quotidiennes :

Placez la barre moins haut.
Une de mes astuces préférées s'inspire de la célèbre chef et déesse Ina Garten, qui explique que lorsqu'elle organise un dîner, elle écrit à l'avance le menu tout entier puis raye un ou deux plats avant d'aller faire ses courses. *Et voilà**! La vie s'est simplifiée d'un coup. J'ai le sentiment que nous aurions tous une chose ou deux à apprendre, en matière de qualité de vie, de la part d'une femme qu'on appelle la Comtesse aux pieds nus.

Regardez autour de vous.
Le monde est truffé de sombres crétins. Si votre entreprise ne s'est pas encore écroulée avec Jim, Allison et Talia à la tête du département publicité, alors vous pouvez sans doute vous accorder un week-end de trois jours.

Soyez le premier à tout foutre en l'air.
Le jour où mon père est rentré à la maison après avoir acheté une Nissan Maxima 1987 flambant neuve, il nous

* En français dans le texte (N.d.T.).

a tous emmenés manger une glace. Nous l'avons mangée dans la voiture, comme ça, s'il devait arriver quoi que ce soit à ce merveilleux intérieur daim, ce serait chose faite. Il pourrait cesser de se torturer avec l'angoisse qu'il arrive quoi que ce soit à ses beaux sièges marron. Connais-toi toi-même.

Parlez à une personne âgée. N'importe laquelle.
Les personnes âgées ont tout vécu, les copains. Elles savent que parfois, c'est la merde. Elles savent que ça ne sert à rien d'être parfait. Elles sont juste contentes d'être là et vous feriez bien d'en faire autant.

En fait c'est assez simple à comprendre : que le fait de vouloir être parfait soit dans votre nature profonde, ou que ce soit écrit dans votre agenda que, tel ou tel jour, il va falloir vraiment faire de votre mieux, **ne laissez pas cet objectif vous empêcher de vivre la meilleure vie possible**. Vous pouvez travailler dur sur les choses qui comptent pour vous, et viser haut si c'est cela qui vous rend heureux. Mais si vous n'y parvenez pas, ce n'est pas grave. Rappelez-vous vos DBM. Je suis prête à parier que vous n'avez ni ENVIE ni BESOIN d'un ulcère de l'estomac, et nous MÉRITONS tous d'être indulgents avec nous-mêmes de temps en temps.

D'ailleurs, Ernest m'a dit qu'il apprécierait que vous placiez la barre un peu moins haut pour qu'on puisse rester dans la course. Lui aussi, il aurait bien besoin de se reposer.

ARRÊTE D'ÊTRE CASSE-COUILLES*

* OSEZ RÉCLAMER CE QUE VOUS VOULEZ, REFUSER CE QUE VOUS NE VOULEZ PAS, ET MÉFIEZ-VOUS DES GROUPES DE DISCUSSION.

Beaucoup de gens préfèrent tendre l'autre joue plutôt que de nager à contre-courant, de ne pas abonder dans le sens de son interlocuteur, ou de faire la moindre vaguelette. Et c'est compréhensible. C'est fatigant, à force, de monter au créneau sur tout ce qu'il y a de « dingue, bordel de Dieu », toute la journée. D'autres choisissent de ne faire que la moitié du boulot. Il leur arrive de monter sur leurs grands chevaux pour une raison ou pour une autre, mais quand on leur résiste, ils se ratatinent comme un cygne en origami dans un Jacuzzi*.

Mais moi, je ne suis pas comme ça. Et vous non plus, peut-être.

Si vous êtes comme moi, vous savez qu'être « casse-couilles », c'est avoir confiance en soi et parler haut et fort. C'est se remettre en question et remettre les autres en question. C'est défendre ce en quoi nous croyons, même si cela nous oblige à défendre une posture impopulaire, ou à nous mettre dans la situation de nous entendre dire « Encore TOI ? »

Cela peut vous arriver au travail, où vous défendez vos idées peu conventionnelles, votre goût pour l'excellence ou votre esprit entrepreneurial auprès de collègues qui n'ont absolument pas la même conception des choses.

Cela peut vous arriver dans le confort de votre foyer, quand vous décidez qu'il est temps que cette famille se mette à

* Encore une marque déposée, communément utilisée pour désigner un bain bouillonnant.

manger sainement, bordel, et que du coup, vous chassez ces pauvres Ben et Jerry hors de vos murs.

Cela peut vous arriver au cours d'un long appel Skype avec votre mère, pendant lequel vous lui expliquez, patiemment, que Tata Cindy n'est plus la bienvenue chez vous parce que c'est une vieille raciste acariâtre, et que cela vous est égal que du coup, Maman ait du mal à décider avec qui elle passera Rosh ha-Shanah* cette année.

En tout état de cause, j'ai bien l'impression que, vous et moi, nous avons atteint ce point de non-retour où l'on peut tout se dire. Alors voilà : **j'en ai ma claque, et même plein le cul, des gens qui ne me *comprennent* pas qui osent me dire que c'est *moi* qui suis casse-couilles**.

Que ce soit au travail, en couple, ou dans les restaurants quand j'ai demandé un steak bien cuit parce que je voulais un steak bien cuit, pourquoi devrais-je me prendre des critiques (ou des regards réprobateurs, des yeux levés au ciel, des soupirs mélodramatiques, ou des crachats dans ma salade verte) pour la simple raison que j'ai adopté une posture forte, claire et LÉGITIME et que je la défends ?

Si c'est ça, « être casse-couilles », alors OK, je plaide coupable. (Sauf que je ferais quelques travaux de rénovation dans la pièce, de sorte que cette expression signifie « chercher obstinément à obtenir ce que l'on veut » et « exiger des autres la même excellence que j'exige de moi-même », mais aussi « être résolument dégoûtée par la viande à peine cuite ».)

En outre, quand on vient me chercher des poux dans la tête sur des positions aussi légitimes, j'apprécie moyennement l'affir-

* Rosh ha-Shanah est une fête juive célébrant la nouvelle année civile du calendrier hébraïque et l'anniversaire de la création du monde (N.d.T.).

mation de Jugien de la Jugeance, selon laquelle je devrais être celle qui s'adoucit, qui fait preuve d'indulgence, qui arrondit les angles, juste pour convenir aux esprits étriqués d'une majorité bisounoursienne. J'apprécie moyennement de devoir être celle qui renonce à ses besoins et à ses désirs pour que quelqu'un d'autre (un camarade de classe, un collègue ou un commis de cuisine) puisse passer un bon moment.

Comment ? J'entends pas bien... *Moi aussi*, dites-vous ? Parfait. Prenons cette indignation plus que fondée, et poursuivons notre raisonnement.

IL Y A CASSE-COUILLES... ET CASSE-COUILLES

La différence entre moi et, par exemple, la personne qui me trouve casse-couilles parce que je renvoie en cuisine un steak pas assez cuit, c'est que moi, je comprends que d'autres préfèrent manger leur viande saignante. Et moi, je comprendrais que ces personnes renvoient en cuisine une pièce de bœuf trop cuite pour demander, ben vous savez quoi... pour demander qu'on leur apporte ce qu'elles ont commandé. (Je n'en ai pas fait une habitude, de renvoyer mon assiette en cuisine. Mais c'est un exemple simple de ce qui se passe quand vous voulez obtenir ce que vous avez demandé, que vous ne l'obtenez pas, et qu'à moins de vous insurger, votre bonheur est cuit. Ou pas assez.)

UN POURLICHE PAS CHICHE

J'ai toujours dit qu'on pardonne beaucoup aux gens qui envoient des petits mots de remerciement. Le pourboire, c'est la même idée. Je ne vous demande pas de fourrer violemment des billets de cent dans la bouche d'un serveur comme l'avait fait Scott Disick, ancien membre de la belle-famille des Kardashian. Mais vous pouvez peut-être gonfler le pourboire quand votre requête sort un peu de l'ordinaire. Oui, le client a toujours raison. Mais il n'est pas obligé de se comporter comme un Disick.

Mais revenons à vous. Jugien vous trouvera peut-être casse-couilles si vous reprenez vos collègues lorsqu'ils se comportent mal, ou si vous exprimez le fond de votre pensée lors d'une réunion de parents d'élèves. Peut-être que votre tort, c'est de défendre une opinion de gauche dans une fête où tout le monde est de droite. Peut-être que vous demandez à votre amie Anne de modifier le plan de table de son mariage parce que vous aviez couché avec son cousin cinq ans plus tôt, juste après sa fête de fin d'études, et que vous remettriez bien le couvert. (Elle n'est pas au courant, c'est pour ça qu'elle vous trouve casse-couilles. Alors que sur ce coup-là, vous êtes juste une nympho.)

Félicitations, vous êtes casse-couilles ! Mais c'est légitime. Et dans l'exemple du mariage et du cousin, vous êtes aussi é-GO-ïste, mais on en a déjà parlé.)

Il n'y a rien de mal à aimer les choses telles que vous les aimez et à réclamer ce que vous voulez.

Il n'y a rien de mal non plus à chercher de toutes ses forces à obtenir ce qu'on veut, même si cela sort des critères approuvés par les autres. On devrait même vous porter aux nues, pour avoir le courage de vos convictions, pour défendre ce qui vous tient à cœur, et pour prendre votre vie sexuelle en main. (Attendez au moins la fin du dîner pour conclure, d'accord ?)

Vous avez même le droit de faire avance rapide sur votre envie d'être « casse-couilles » quand l'envie en question peut sembler ridicule à tous, mais qu'elle *ne fait de mal à personne*. Comme Meg Ryan qui commande une tarte aux pommes à la mode dans *Quand Harry rencontre Sally*.

Ne vous amusez pas à être casse-couilles juste PAR PRINCIPE. Faire chier son monde juste pour s'amuser, ça, c'est mal, en toutes circonstances.

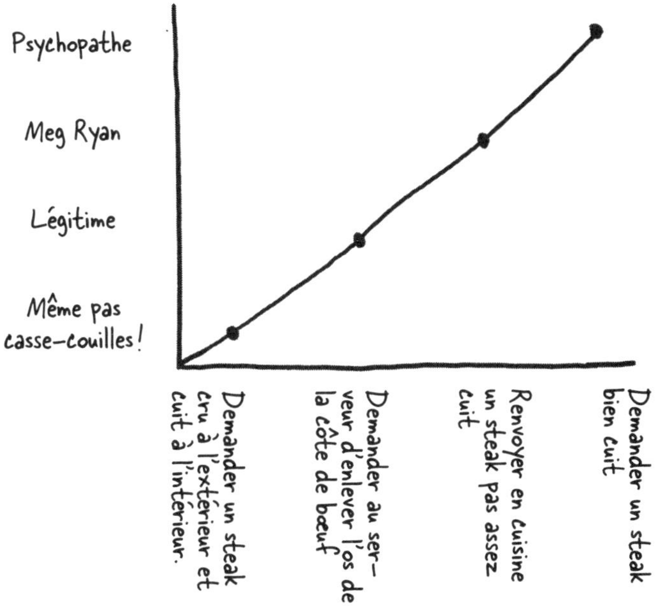

Devenir « casse-couilles »

Disons que vous avez quelques petites manies « casse-couilles », que vous les connaissez mais que vous n'avez pas cherché à les satisfaire parce que vous êtes du genre gentil-qui-suit-les-règles, quelqu'un dont la capacité à acquiescer face aux conneries des autres serait célèbre dans le monde entier si seulement on avait les moyens de s'en rendre compte. (Et du coup, les gens s'imaginent que vous êtes « comme eux ».) La conséquence de votre bluff : vous n'êtes pas aussi casse-couilles que vous le souhaiteriez, et vous vous demandez comment faire pour y parvenir.

Vous avez frappé à la bonne porte.

Voici, en exclusivité pour vous, les deux piliers sur lesquels vous appuyer pour devenir quelqu'un de casse-couilles : **réclamer ce que vous désirez** et **refuser ce que vous ne voulez pas**.

ON N'OBTIENT PAS CE QU'ON NE DEMANDE PAS

Demander quelque chose qui n'est pas au menu n'a rien de déraisonnable. Vous n'êtes pas obligé de vous la jouer Meg Ryan chaque fois que vous dînez à l'extérieur – à moins de vraiment apprécier le goût de la salive d'un inconnu dans votre flétan (avec la sauce à part, une salade verte vinaigrette à part et sans vinaigre balsamique, sans citron sauf si c'est du citron bio fraîchement pressé). Mais rien ne vous oblige non plus à **toujours vous contenter de moins que ce que vous désirez, que ce dont vous avez besoin, ou que ce que vous méritez** dans votre quotidien.

La pire chose qui puisse vous arriver si vous réclamez quelque chose, c'est que votre interlocuteur vous réponde non. Et s'il dit non pour une raison idiote, alors vous pouvez (et c'est même ce que je vous recommande) lui demander encore une fois (voir : *Si vous me cherchez, je suis dans mon bureau*). Dans *Arrête de déconner !*, j'ai abordé cette question de manière très ciblée. J'ai pris l'exemple de l'augmentation de salaire ou de la promotion dont on rêve au travail. La consigne que je donnais était de demander à votre supérieur, littéralement : « Que voulez-vous que je fasse pour obtenir une augmentation/une promotion ? »

Sachez donc que cette technique fonctionne pour *tout* ce que désire ou mérite votre petit cœur. Il suffit de demander. Par exemple :

> **Vous voulez que vos colocataires participent aux tâches ménagères.**
> Ils ont l'air de trouver plus facile de vivre dans la crasse que d'éponger leurs ronds de sauce soja sur l'étagère de la cuisine (ne serait-ce qu'une fois par semaine, bor-

del), mais sachez bien que non, le fait de demander un minimum en matière de propreté ne fait pas de vous quelqu'un de casse-couilles. C'est juste que vous êtes un adulte et que les cafards, c'est pas vos copains.

Vous voulez le meilleur que puisse vous offrir cet hôtel.

Ce n'est pas parce qu'une centaine de chambres sont au même prix qu'elles offrent toutes la même expérience. Vous pourriez demander une chambre exposée au sud ; une chambre d'angle sans voisins ; une chambre sur cour ; une chambre proche (ou loin) de l'ascenseur... Qu'est-ce que vous préférez ? Cela prend juste cinq minutes de plus au réceptionniste, de satisfaire ce genre de requêtes – et pour vous, ce sera une plus jolie vue ou une meilleure nuit de sommeil. Vous êtes peut-être casse-couilles, mais vous avez aussi l'esprit pratique.

Vous voulez de bonnes places au cinéma.

Il n'y a rien que je déteste plus que d'arriver au dernier moment pour la séance de cinéma, pour me retrouver à avoir le choix entre trois places de merde différentes. C'est pour cette raison que je refuse de retrouver certains amis à l'extérieur du cinéma. S'ils sont coincés au boulot et que je dois me briser la nuque pendant deux heures sur les sièges du premier rang pour regarder *Tonnerre sous les tropiques 2*,* alors ce sera deux heures pendant lesquelles la colère, le ressentiment et le strabisme m'envahiront. (C'est aussi pour cette raison que certains amis refusent de *me* donner rendez-vous à l'extérieur du cinéma, parce que j'insiste toujours pour y être quarante-cinq minutes avant le début des bandes-annonces. Vous faites comme

* Ça, c'est moi qui envoie un message subliminal à l'Univers pour que quelqu'un se décide à tourner *Tonnerre sous les tropiques 2*.

vous voulez, mais au moins, moi et mes amis, on se parlera encore une fois la séance finie.)

Vous voulez une pizza toute chaude au Domino's de l'aéroport de Saint-Domingue. Ben ouais, quoi ! Celles qui sont sous la lampe ont l'air d'être là depuis des heures. C'est pas comme si le monsieur qui nous accueillait avait quoi que ce soit d'autre à faire, alors j'ai demandé. (En vérité, j'ai demandé à mon mari de le faire, parce qu'il parle mieux espagnol que moi.)*

Vous voulez un rendez-vous à une heure qui vous convienne. Le saviez-vous ? Vous n'êtes pas obligé de dire oui au premier créneau horaire qu'on vous propose. À moins que votre acuponcteur ne s'en aille vivre au bout du monde à la fin de la semaine ou que votre dentiste ne consulte que les mardis (et que tous les autres créneaux sont déjà pris), rien ne vous oblige à accepter un rendez-vous à huit heures du matin si vous êtes un couche-tard ou à dix-sept heures trente si vous avez peur de vous retrouver coincé dans les embouteillages. La date et l'heure que vous a données le secrétaire sont peut-être les premières qui lui sont tombées sous les yeux dans l'agenda. Si vous vous entendez penser « J'imagine que je peux, mais ça veut dire qu'il faudra que je décanille tôt/que je risque l'hypoglycémie au déjeuner/qu'à l'heure du dîner, je serai dans les embouteillages à gueuler sur tout le monde », DITES NON. Demandez s'il y a un autre créneau de disponible, ou, mieux, demandez si l'horaire qui vous conviendrait le mieux est disponible. Ou élargissez : seulement les après-midi, ou seulement le vendredi. Est-

* Si ça vous intéresse, en espagnol, « casse-couilles » se dit *molesto* (ou *molesta*), mais « difficile » se dit *espacial*, ce qui sonne un peu mieux, tout de même, surtout quand votre femme écoute ce que vous dites au pizzaiolo.

ce que ça donne un peu plus de travail à votre interlocuteur au bout du fil ? Oui, mais il est payé pour ça.

Vous voulez de meilleurs orgasmes, plus harmonieux. Croyez-moi. Une conversation compliquée avec votre conjoint vaut mieux que deux tu l'auras.

SI VOUS ME CHERCHEZ, JE SUIS DANS MON BUREAU

Un jour, j'ai poussé une patronne à bout (au point qu'elle s'en arrache les cheveux) en lui demandant à avoir mon propre bureau. Je venais à peine d'être promue éditrice associée et, naturellement, je considérais qu'il était temps que je sorte de l'open space pour investir ce petit intérieur sans fenêtre (un genre de renfoncement affublé d'une porte) que personne n'utilisait, de toute façon. J'ai posé la question. Elle m'a dit qu'elle allait y réfléchir. J'ai attendu une semaine et j'ai redemandé. Elle m'a répondu : « Là, c'est pas le moment. » J'ai attendu une semaine de plus. Mon recoin ne servait toujours à personne, mais quelqu'un y avait stocké quelques boîtes en carton et un pot de miel. J'ai réitéré ma demande, et ma patronne a crié, en tirant sur ses cheveux avec ses deux poings fermés : « Sarah Knight, tu me pompes l'air ! » Mais elle m'a dit que je pouvais le prendre. Et voilà, les enfants. C'est comme ça que j'ai réussi à obtenir une porte à fermer sur mes crises de larmes professionnelles – dont je vous parlerai plus loin dans ce chapitre.

LA BELLE AFFAIRE !

Maintenant que vous avez demandé à obtenir ce que vous désirez – espèce de petit casse-couilles en herbe– il est temps d'apprendre à essayer d'en obtenir encore plus, mais aussi à refuser ce que vous ne voulez *pas*. **C'est là que la négociation entre en**

scène. Cette activité – la négociation – tend à ranger celle et ceux qui s'y adonnent dans la catégorie « casse-couilles », mais si vous n'économisez pas votre temps, votre argent et votre énergie, qui le fera pour vous ?

Qu'il s'agisse de votre permission de sortie les soirs de semaine, d'un jour de repos additionnel dont vous avez besoin, ou d'un meilleur tarif sur une voiture de location, **quand une réponse vous a été communiquée, vous avez le droit de demander si votre interlocuteur peut mieux faire**.

Et n'oubliez pas que la négociation fonctionne dans les deux sens – vous pouvez négocier sur ce que vous demandez, mais aussi sur ce que vous donnez. Si les gens vous en demandent trop, il faut parfois savoir refuser, ou modérer leurs attentes.

Vous trouverez ci-dessous certaines de mes tactiques préférées. Elles m'ont obtenu tout ou presque, de la bonne bouteille de vin au prix de la moins chère du restaurant, à l'augmentation de salaire conséquente :

> **Posez les questions que vous n'êtes pas censé poser**. Le contrat social nous aide à ne pas nous mettre mal à l'aise les uns les autres. Et c'est une bonne chose si vous voulez apprécier comme il se doit un spa unisexe sans que qui que ce soit regarde fixement tout ce qui dépasse chez vous. Mais dans une négociation, c'est *utile* de faire vaciller l'autre. Par exemple, si vous essayez d'obtenir plus d'argent de votre employeur (et que vous soupçonnez votre collègue Dennis de gagner BEAUCOUP plus que vous pour le même travail), demandez très précisément à votre patronne quel nombre est inscrit au bas de la fiche de paye de Dennis. Demandez ensuite si vous valez moins. Cela ne vous mènera peut-être nulle part ; mais vous obtiendrez peut-être des informations sur les sa-

laires pratiqués dans votre domaine (ce qui pourra vous servir lorsque vous chercherez votre prochain emploi) ; et au mieux, la patronne vous répondra qu'elle aime bien votre style – et vous augmentera. Ça fait beaucoup de bouteilles de pinot noir en plus chaque mois, tout ça.

Fixez les règles. Par définition, les avocats sont de talentueux négociateurs, mais vous n'avez pas besoin d'avoir passé le barreau pour utiliser une de leurs stratégies préférées : demander plus que ce qui vous satisferait. Si vous procédez de cette façon, la personne en face de vous peut céder sur moins que ce que vous réclamez, mais sans avoir l'impression de perdre la partie (quant à vous, vous pouvez passer pour quelqu'un de « raisonnable » en acceptant moins que ce que vous aviez demandé). Cela fonctionne dans toutes sortes de scénarios, y compris hors domaine professionnel. Vous voulez que votre femme vienne voir le match de foot au stade avec vous le week-end de Pâques ? Dites que vous réfléchissez à prendre un abonnement pour assister à tous les matchs de votre équipe préférée. Et faites baisser les enchères.

Administrez des piqûres de rappel. Si une de vos amies vous en demande trop (et trop souvent), vous pouvez lui rappeler la dernière chose qu'elle vous a demandé de faire avec/pour elle quand vous répondrez à sa prochaine sollicitation (par la négative, évidemment). Cela donnerait quelque chose du style : « Comme je suis partie du bureau plus tôt la semaine dernière pour aller à ta soirée Pampered Chef*, je ne vais pas pouvoir assister à ton one-woman -show à la Ha-Ha Hut mardi soir. »

* Pampered Chef est une marque d'ustensiles de cuisine qui entretient une forte communauté sur Internet et qui organise des soirées de type « Tupperware », mais plus festives (N.d.T.).

C'est un peu passif-agressif, mais Sheila aussi est un peu passive-agressive. Alors bon…

La méthode choc. Si votre famille trouve que vous êtes casse-couilles parce que vous pratiquez la tolérance zéro en matière de voyage avec les enfants, proposez un marché : au lieu d'accepter d'accompagner votre nièce en croisière Disney pour ses six ans, engagez-vous dès maintenant à l'emmener à Detroit le jour de ses dix-huit ans pour lui offrir son premier tatouage. La contre-proposition ne se fera pas attendre.

Prenez un raccourci. Je suis peut-être une négociatrice potable, mais j'ai horreur de l'inefficacité. Si je n'ai ni le temps ni l'envie de subir le match de ping-pong qu'est la négociation, je réfléchis à un accord qui me semble juste (et je m'accommode du fait que je n'aurai peut-être pas ce que je demande), puis je pose un ultimatum. Par exemple : «Je suis prête à débourser [tant] pour la culotte portée par David Bowie dans le film *Labyrinthe*, et pas un centime de plus.» Si ça ne fonctionne pas, vous vous en remettrez. Cela vous amènera peut-être à payer plus cher que le prix que vous auriez obtenu après une âpre négociation, mais vous avez décidé dès le départ que ces quelques dollars valaient bien le temps et l'énergie qu'ils allaient vous faire économiser. Parfois, la personne avec laquelle vous négociez vraiment, c'est vous.

Morale de l'histoire : ne soyez pas timide, essayez d'obtenir le meilleur arrangement possible. Et puis d'abord, dans plein de cultures, le marchandage est un art de vivre. Là où j'habite, en République dominicaine, si vous ne négociez pas le prix des choses que vous achetez, alors il n'y a pas le moindre doute sur le fait que vous êtes en train de vous faire entuber. La négociation ne fonctionnera peut-être pas dans un établissement qui affiche des prix fixes (elle ne marchait pas non plus avec mon père sur les horaires d'autorisation de sortie), mais il y a une marge de manœuvre dans beaucoup des transactions de la vie.

La mort par sondages consommateurs

Maintenant que je vous ai aidé à cultiver votre côté casse-couilles, j'aimerais attirer votre attention sur un effet secondaire assez indésirable du MSV. J'appelle cet effet secondaire l'agonie sondagière, et les personnes casse-couilles sont les seules à pouvoir nous secourir de ce triste dénouement.

LES DIX TRUCS GÉNIAUX QUE PEUT VOUS PROCURER LA NÉGOCIATION

1. Un loyer moins élevé
2. Un salaire plus élevé
3. Deux pour le prix d'un
4. La livraison gratuite
5. Un massage (dans mon cas : en échange de la lessive)
6. Un crédit en magasin
7. La libération d'au moins un otage
8. Une patate au four au lieu des frites, sans supplément
9. Un deuxième pass VIP pour votre cop's
10. Cinq minutes de plus

Comme vous le savez sans doute, certains produits et certaines idées sont testés sur un panel de consommateurs qui n'ont pas de préjugés sur la question. Ce panel de consommateurs est ensuite sondé par les personnes chargées de l'étude afin de déterminer ce qu'il y a de bien et de moins bien dans le produit ou l'idée, de sorte que les personnes les ayant conçus puissent faire des modifications pertinentes avant de les lancer sur le marché.

Par exemple, si chez Lululemon, la marque de vêtements de sport, on voulait savoir si les clientes seraient tentées par des tutus qui grattent inspirés par la célèbre ballerine Misty Copeland, on pourrait réunir un panel de consommateurs et les sonder. Lulu n'a pas envie de claquer un million dans une ligne de produits que personne n'aime ou n'a envie de porter en cours de yoga parce qu'on a l'air con dedans – alors oui, parfois, les panels de consommateurs et les sondages, c'est bien. Ça vaut le coup d'enquêter sur son marché.

(Et aussi de faire preuve de bon sens.)

Mais dans certaines circonstances, un panel de gens plus réduit et pas très divers se réunit pour analyser un produit ou une idée sur lesquels ils ont des préjugés. Comme un nouveau logo d'entreprise, le règlement de la copropriété, ou l'endroit où vous devriez organiser le soixante-dixième anniversaire de votre maman. Et là, c'est le drame. C'est l'agonie sondagière.

Dans ces situations, tout comme les clients que Lululemon aurait choisis au hasard, les participants à l'étude ont chacun leur opinion sur la question. Mais ces opinions se compliquent quand les sondés :

- n'ont pas envie de contredire la patronne/le collègue ;
- cherchent à éviter le conflit ;
- font partie d'une communauté non-ciblée par le produit/l'idée ;
- ont des raisons de vouloir absolument que l'idée/le produit voient le jour (ou ne le voient jamais) ;
- etc.

À l'issue de ce genre de processus, on reste bien caché dans sa zone de confort. **Personne ne déteste le résultat de l'étude, mais personne ne l'aime vraiment non plus.** *Tout* le monde sait qu'on pourrait faire mieux, mais personne n'a le courage ni assez de conviction pour le dire à voix haute.

Sauf si quelqu'un décide d'être casse-couilles.

Malheureusement, on ne peut pas toujours s'échapper d'une étude de marché, mais au moins, on peut y insuffler un peu de vie – tout en sauvant les autres d'eux-mêmes. Par exemple :

- Au travail, n'ayez pas peur de faire entendre votre voix quand le logo approuvé par le groupe ressemble à une bouse que votre chat aurait dessinée sous Photoshop.

- Entre voisins, ne laissez pas une bande de feignasses empêcher le bâtiment d'être correctement entretenu.

- Et si vous préparez l'anniversaire de votre Maman sur Skype avec vos frères et sœurs, n'ayez pas peur de dire : « Qui a envie d'un énième "brunch festif" avec des mini-cupcakes et de la salade d'endive ? Notre mère mérite un voyage à Las Vegas pour aller voir le spectacle *Magic Mike**, et si vous n'êtes pas disposé à organiser ce genre d'anniversaire, faites ce que vous voulez, mais moi, je réserve deux billets pour elle et moi, et on verra qui d'entre nous est le mieux placé sur le testament. »

Cette croisade contre l'agonie sondagière peut sembler frivole – surtout quand d'autres gourous prétendent guérir le cancer avec des bracelets magiques en plastique – mais il est essentiel pour moi de renforcer vos défenses contre cette menace très

---

* *Magic Mike* est un film américain inspiré de la vie de son acteur principal, Channing Tatum, qui fut strip-teaser avant de devenir comédien. En 2017, Tatum a conçu et dirigé une adaptation sur scène (N.d.T.).

réelle et très présente. Parce que (retenez bien ça) : **quand il y aura une invasion de zombies, la mentalité sondage-consommateurs sera, littéralement, synonyme de mort certaine.**

Une histoire de goût

Vous avez déjà pleuré au travail ? Je vous ai déjà parlé de la fois où ma patronne m'a démolie, quand je bossais dans cette maison de ville, mais c'est loin d'être mon chef-d'œuvre en matière de crise de larmes au travail. Oh que oui ! Il y en a, des box d'open space où j'ai larmoyé ! J'ai reniflé et sangloté dans les toilettes pour dames. J'ai ravalé mes larmes dans le couloir en sortant du bureau de moult supérieurs, pour les verser enfin dans l'intimité de ce bureau que j'avais eu tant de mal à obtenir.

Il y a quelques années, je me suis laissée aller à une crise de sanglot mémorable. Mon patron de l'époque m'avait dit que j'avais des goûts difficiles...

Un peu de contexte : pendant plus d'une décennie, j'ai été éditrice dans de grandes maisons d'édition. Mon travail consistait à repérer des auteurs et des histoires qui méritaient d'être partagés, tout en étant susceptibles d'intéresser suffisamment de monde pour rapporter de l'argent à l'entreprise. Environ un million de livres sont publiés chaque année aux États-Unis. Dix d'entre eux l'étaient par mes soins. J'ai derrière moi une carrière plus qu'honorable en matière de chiffres de ventes et d'accueil dans la presse : certains de mes livres ont été nominés pour des prix, ne sont pas passés loin d'être adaptés au cinéma et on été traduits dans des dizaines de langues.

Mais est-ce qu'ils ont tous généré des bénéfices ? Oh que non. C'EST RAREMENT LE CAS, MON ENFANT.

La dure réalité, c'est que la plupart des livres échouent. Ils ne parviennent pas à rencontrer un public suffisamment large.

Ils n'obtiennent pas de critiques élogieuses, voire pas de critiques du tout. Ils ne rapportent pas d'argent. C'est comme ça que fonctionne le secteur (ou qu'il ne fonctionne pas, plutôt). Chaque éditeur en est bien conscient et se débat dans ce contexte-là, année après année. Nous autres éditeurs (et avec nous, nos petits camarades de la pub et du marketing) devons faire face à l'échec au quotidien.

Pour couronner le tout, la plupart des patrons de maisons d'édition ont tendance à raisonner de la façon suivante : « si X a marché, alors tous les livres comme X fonctionnent » et « si Y n'a pas marché, alors il n'y a rien qui y ressemble de près ou de loin qui soit susceptible de se vendre ». Alors si vous lancez sur le marché un livre qui ne se vend pas aussi bien que vous l'auriez espéré, soudain, tout ce que vous avez de similaire en préparation risque l'annulation pure et simple par le big boss.

(Un jour, le P.-D.G. d'une grande maison d'édition m'a interdit d'enchérir trop haut pour acquérir les droits d'un livre qui est devenu un best-seller à plusieurs millions d'exemplaires, parce que « les livres sur les chats ça ne marche pas. » J'en connais un qui se dit qu'il aurait dû être un poil plus ouvert d'esprit que cha.)

Mais revenons à mes goûts difficiles. Le patron qui m'avait adressé ce reproche avait remarqué que j'allais souvent vers des livres assez sombres, traitant de sujets comme les violences sexuelles ou la drogue, ou avec des narrateurs par forcément sympathiques. Lui considérait que ce genre de livres était trop difficile à vendre, et que je devais peut-être changer mon approche (enfin, mes goûts, voulait-il dire) pour me faciliter la vie et celles de mes collègues de la pub et du marketing, chargés de vendre ce que je publiais. Hum.

Certes, je suis une emmerdeuse, mais je suis capable de recevoir des critiques constructives. (Au bout d'un moment. En général, il me faut une demi-heure pour laisser le truc mariner.) Ce qui m'a fait péter les plombs après ce petit tête-à-tête, ce n'est pas le jugement porté par mon patron sur mes goûts. Il n'avait pas tort : les livres que je préférais étaient un peu plus difficiles à vendre que, disons, les livres sur les vieux à la peau blanche, destinés... aux vieux à la peau blanche. Les vieux Blancs sont des cibles très faciles*.

Je précise qu'il n'était pas particulièrement violent dans sa critique, pas plus qu'il ne se montrait menaçant de quelque façon que ce soit. Il était désespérément factuel.

Ce qui m'a fait péter les plombs (ou, concrètement, retourner dans mon bureau, fermer la porte derrière moi et pleurer), c'était ce que sous-entendait sa critique, à savoir que cela ne servait à rien d'essayer de rester fidèle à moi-même. Que dans un des secteurs les plus créatifs du monde, il ne fallait pas que je sorte *trop* du moule. Que je devais tourner le dos à ce que j'aimais pour ouvrir les bras à la facilité.

Réussir son travail d'éditeur, cela se résume à trouver un public et tisser du lien avec lui. Il me semblait donc tout à fait discutable de reprocher aux livres que j'aimais et qui me parlaient toutes les difficultés inhérentes à notre secteur. Et j'admets que l'argent est le nerf de la guerre et qu'il doit entrer en ligne de compte, mais la solution était-elle vraiment de se départir d'un public tout entier ?

« Désolée, vous autres qui aimez les sujets sombres, sinistres, salaces ou controversés. Il va falloir que vous alliez dépenser votre argent ailleurs. On ne sert pas les gens comme vous, dans cet établissement. »

---

* Mon patron n'utilisait pas les mots « vieux Blancs ». C'est moi qui extrapole, en m'appuyant sur les quinze années que j'ai passées dans ce secteur et les centaines de conversations de ce genre auxquelles j'ai participé.

Comme vous l'imaginez peut-être, l'idée de me cantonner à des sujets « plus faciles » et à des voix « plus amicales » me donnait un peu envie de me foutre par la fenêtre. Après m'être administré des gouttes de Visine dans les yeux et un demi-Xanax, le tout dans mon bureau, porte fermée, j'ai décidé que je n'allais pas me laisser dire que j'avais des goûts trop difficiles. Je savais qu'il y avait assez de gens en ce bas monde pour faire des affaires, alors j'ai campé sur mes positions, et j'ai essayé de toutes mes forces de les trouver et de tisser du lien avec eux.

À cet égard, le jugement de mon patron a été utile. **Pour réussir, je me suis immolée par le feu du rien-à-foutre pour m'épargner un lent suicide à base d'agonie sondagière.**

Je suis heureuse de vous annoncer qu'après ma démission, trois de mes projets « difficiles » sont devenus des best-sellers – une bonne statistique dans le secteur. Je ne dis pas que ces ventes sont le seul fruit de mon labeur. Mais je suis fière d'être l'intermédiaire entre d'excellents bouquins et des lecteurs satisfaits. Au bout du compte, mon amour pour les narrateurs désagréables et les sujets sombres, tortueux, crus et tabous a réussi à trouver un public important, à tisser du lien avec lui ET à rapporter plein de thunes à mon ancienne entreprise – ce qui était le but – et je n'ai pas eu à céder au compromis pour y parvenir.

Un petit pas pour l'homme, un grand pas pour les casse-couilles. (Oh, et bonne nouvelle, la vie m'a de nouveau donné la chance de publier un best-seller sur les chats. *Felines of New York*. Je vous laisse y jeter un œil.

UTILISEZ VOS SUPERPOUVOIRS POUR FAIRE LE BIEN, PAS POUR FAIRE LE MAL

Si, comme moi, vous êtes du genre à vous compliquer la vie, alors vous n'êtes normalement pas du genre à botter en touche. Et c'est une bonne chose. Continuez. Nous défendons ce en quoi nous croyons – et oui, parfois c'est chiant pour les gens qui nous entourent, et pour nous, aussi, en fait – mais nous ne nous enfuyons pas la queue entre les jambes quand les choses se corsent, non plus. Nos amis peuvent compter sur nous pour venger leur honneur en ligne ; nos proches peuvent compter sur nous pour aller nous plaindre à leur place lorsque c'est nécessaire ; et nos concitoyens peuvent compter sur nous pour écrire des comptes rendus d'une précision chirurgicale sur TripAdvisor et pour donner régulièrement à Amnesty International. Le moment venu, tout le monde est content d'avoir un casse-couilles dans son équipe.

Mais pourquoi faut-il que tu sois casse-couilles à ce point, Sarah ?

Je vous ai déjà répondu : c'est parce qu'en général, tout va mieux pour moi quand je me l'autorise. Mais vous savez quoi ? Parfois, c'est casse-couilles d'être casse-couilles ! Notamment et surtout parce que les gens apprécient moyennement tout ce que vous faites de bon pour eux. Je le fais tout de même, parce que je considère que quand les choses se compliquent, il est admirable d'avoir le courage de ses convictions – surtout quand on a, grosso modo, seize autres tâches à accomplir, plus ou moins importantes que de défendre nos besoins, nos désirs et nos valeurs face à tout un tas de gens qui ne comprennent pas pourquoi tant de choses qui leur importent si peu comptent autant aux yeux de quelqu'un d'autre.

Dans ce cas-là, tout ce qu'il vous reste à faire, c'est *comprendre* que leur étroitesse d'esprit les appauvrit, et continuer à faire à votre idée.

TADAAAAM !

FAUT PAS LA JOUER PERSO*

* AU CONTRAIRE, TU FAIS COMME TU LE SENS DANS TON COIN SI ÇA TE CHANTE.

Je n'en suis pas très fière, mais je dois bien reconnaître que je connais encore par cœur la citation qui avait été inscrite sous ma photo dans le livre d'or de ma promo, en fin de lycée*. Elle me correspond toujours autant, même si ça me gave bien de l'admettre :

> J'aimerais mieux m'asseoir sur une citrouille
> et l'avoir à moi seul qu'être pressé par la foule
> sur un coussin de velours.

Henry David Thoreau**

Oui, j'étais une petite connasse précoce qui lisait déjà du Henry David Thoreau quand les enfants de mon âge allaient aux goûters organisés par leurs clubs de sport et dévoraient les les épisodes du *Club des Babysitters*. (Et il n'y a rien de mal à ça ! Tu fais comme tu le sens, promo de 1996 de mon ancien lycée. Mais cet amour de jeunesse avec le transcendantalisme m'a beaucoup servi plus tard, dans la vie. Cette citrouille est donc le lieu où débute cette histoire. (Bon, techniquement, elle débute sur la souche d'un arbre, ou, plus précisément, sur les vestiges parfaitement disposés d'un vieux chêne qui se trouvait dans l'angle avant-droit de notre jardin dans le Maine.)

Petite, j'ai passé un nombre incalculable d'heures assise sur cette souche entre chien et loup. Je m'y juchais pour lire, pour rêvas-

---

* En revanche, je suis fière de vous annoncer que je n'ai pas perdu cette relique de mon glorieux passé.

** THOREAU, Henry David, *Walden ou la vie dans les bois*, Paris, NRF, 1922, traduit de l'anglais par Louis Fabulet (N.d.T.).

ser, et pour répéter le débat que je comptais engager avec mes parents pour la suppression du « h » à la fin de mon prénom.*

Et quand la mère de mon petit voisin nous a surpris en train de jouer au docteur (pour la deuxième fois) et m'a dit d'aller réfléchir à mes bêtises, eh bien je suis allée direct sur mon tronc d'arbre. Je vous ai dit qu'il se trouvait sur une petite colline, et que de là-haut, on avait une vue imprenable sur le jardin et le perron des voisins ? Avec le recul, je me rends compte que c'était peut-être un peu bizarre que je passe autant de temps là-haut, à contempler l'univers, à quinze mètres de ses baies vitrées.

Eh oh, il me semble avoir déjà expliqué en long, en large et en travers que PERSONNE N'EST PARFAIT.

Bref. Reprenons. Aussi loin que je me souvienne, j'ai toujours passé beaucoup de temps seule. J'aime bien réfléchir, gamberger, cogiter, ce qui nécessite du calme et de la solitude. Je lis beaucoup, et c'est difficile de lire quand il y a plein de gens autour de soi. Ils ne peuvent pas s'empêcher d'interrompre, avec leur « besoin de contact humain » et leurs « Qu'est-ce que tu veux manger ce soir, chouchou ? » (Salut mon cœur. Je t'aime !)

En outre, j'ai horreur de porter des pantalons dans ma propre maison. Donc je peux être d'étrange compagnie.

Mais vous voyez, j'aime aussi *beaucoup* être moi-même. J'aime travailler seule, pour ne pas avoir à obtenir l'approbation de qui que ce soit. Cela nourrit mon ego et mon goût pour l'efficacité, et c'est aussi pour cette raison que j'écris des livres avec une seule signature dedans, et pas des séries télévisées, par exemple écrites à trente mains. Et même si mon mari est un cuisinier accompli, j'ai parfois juste envie de dépecer une grande

* « On ne voit que lui ! » protestai-je, alors que je pensais seulement que « Sara » était un prénom de jolie fille, bien plus en tout cas que « Sarah ». Je vous avais bien dit que j'étais une petite conne précoce.

quatre-fromages, toute seule, à mains nues – et sans prendre le temps de complimenter le chef entre deux bouchées.

Maintenant, vous comprenez pourquoi passer quelques heures par semaine assise sur un tronc d'arbre, c'était l'activité idéale pour une gamine qui préférait se consacrer à sa vie intérieure plutôt qu'aux soirées pyjama. (Mais soyons honnêtes, je ne croulais pas non plus sous les invitations.) D'ailleurs, personne n'a *envie* de s'asseoir à côté de vous sur la souche d'arbre. D'abord, il n'y a pas beaucoup de place. Et puis ce n'est pas très confortable. Et il faut prendre en compte la mousse, qui peut vraiment tacher votre short...

Mais laissez-moi vous dire une bonne chose. Si j'avais une souche d'arbre, aujourd'hui, je serais heureuse de m'y jucher une bonne heure pour échapper à une réunion de direction, un baptême ou n'importe quel cocktail mondain. D'ailleurs, en fait, je crois bien que j'en ai une, mais elle est dans ma piscine et ça s'appelle un « ananas gonflable ». Disons que c'est la gamme au-dessus. Désolée, Soussouche.

Où en étais-je ?

Ah oui, donc, dans ma citation du livre d'or, Thoreau ne criait pas son amour de la solitude, mais je pense qu'on peut excuser des jeunes gens de dix-sept ans d'avoir compris ce qu'ils avaient envie de comprendre. En vérité, il exprimait sa préférence pour une vie plus simple, désencombrée de signes extérieurs de richesse et libérée de la culture de la consommation. Juste avant le passage sur la citrouille, il écrit :

> J'avais trois morceaux de pierre calcaire sur mon bureau, mais je fus épouvanté de m'apercevoir qu'ils demandaient à être époussetés chaque jour, alors que le mobilier de mon esprit était encore tout non épousseté. Écœuré, je les jetai par la fenêtre. Comment, alors, aurais-je eu

> une maison garnie de meubles ? Plutôt me serais-je assis en plein air, car il ne s'amoncelle pas de poussière sur l'herbe, sauf là où l'homme a entamé le sol.*

Waouh ! OK, je viens de découvrir que Thoreau était le tout premier gourou du désencombrement. Anti-Gourou Premier du Nom, quoi ! Et il parle du « mobilier de [son] esprit » ? Eh merde ! Il a inventé la rénovation mentale avant moi. Je savais que c'était un type bien.

Avec au cœur la grande sagesse du monsieur, j'aimerais passer un petit plus de temps à **chanter les louanges de la vie à fabriquer soi-même, autant pour l'aspect solitaire du processus que pour la joie de décider de sa propre vie (et d'en assumer seul la responsabilité).**

Comme le disait feu mon grand-père : « C'est un boulot sympa, si t'as la chance que ce soit le tien. »

Un est le plus joli des chiffres

Récemment, j'ai l'impression d'avoir lu plein d'articles sur les « introvertis extravertis » – les gens qui font l'effort d'aller aux fêtes, mais restent sur les espaces périphériques de la pièce, perdent leur bagout rapidement et se décriraient plutôt comme timides. Et peut-être un peu solitaires.

Cette section leur est dédiée, ainsi qu'aux gens comme moi, que l'on pourrait appeler les « insociables sociables ».

Vous voyez, je suis assez douée pour me sociabiliser, et quand j'en ai envie, tous aux abris : me voilà debout sur le bar à danser avec une noix de coco sur la tête. J'ai un album Facebook tout

* *Op. cit.* (N.d.T.).

entier intitulé « Trucs sur ma tête », consacré à ce projet. (Et non, je ne vais pas accepter votre demande de contact juste pour que vous puissiez le voir. On se connaît ?)

Cependant, il m'arrive tout aussi souvent de ne pas avoir envie. Pas parce que je suis timide ou que j'ai le trac en société, mais parce que **je n'ai pas d'affection particulière pour la plupart des gens, et l'interaction forcée, c'est l'idée que je me fais d'un crime de guerre**.

J'en vois certains qui hochent la tête, alors j'insiste : **ce n'est ni étrange ni mal de préférer sa propre compagnie à celle des autres**. Vous n'êtes pas seul dans votre quête de solitude. (J'ai failli écrire que nous autres solitaires devrions nous serrer les coudes, mais en tout état de cause, ce serait assez contre-productif et inconfortable.)

BÉNIS SOIENT LES GENS DU THÉÂTRE

Bien sûr, chaque règle a son exception. Et pour ce qui est de ma misanthropie, mon exception à moi serait les gens du théâtre. Les gens que j'ai eu le plaisir de fréquenter quand j'en faisais marchaient au rythme de leurs propres tambours fleuris. Pendant des années, j'ai eu la chance de côtoyer ces personnes de qualité, pas emmerdantes, travailleuses, douces, et encore plus marrantes que Bette Midler aux bains publics*.

Pour les gens comme nous, rester assis trois heures sur une souche d'arbre ou sur un canapé peut s'avérer aussi plaisant et revigorant que le serait pour certains une visite groupée du

* Bette Midler, célébrissime chanteuse et comédienne américaine, s'est produite aux début de sa carrière au Continental Baths, un bain public gay situé dans le sous-sol d'un hôtel new-yorkais (N.d.T.).

Parthénon avec un guide professionnel*. C'est pour nous l'occasion de nous vider la tête, de baisser la garde, et de nous recentrer sur nous-mêmes. Ou juste de tomber le soutif pour laisser les lolos libres de leurs mouvements tout l'après-midi. Bé-a-ti-tude.

Que vous vous considériez comme un introverti, un introverti extraverti ou un insociable sociable, **préserver votre solitude est essentiel à votre bonheur**. Vous aurez peut-être à répondre « Non merci » ou « Je ne vais pas pouvoir » de temps à autre (ou un peu plus souvent que ça). Est-ce que c'est égoïste ? Oui, bien sûr. Mais c'est vraiment pour votre bien. Et même les plus sociables d'entre nous ont parfois besoin d'un sas de décompression.

J'ai lu un jour que s'il le pouvait, un chiot ne s'arrêterait jamais de jouer avec les humains qui se relayeraient pour l'amuser. Il ne ferait pas de sieste, ne prendrait pas une minute de pause, jusqu'à ce qu'il en *meure*. Ne soyez pas ce chiot.

Même si vous vous voyez comme quelqu'un qui aime beaucoup la compagnie, le fait d'être seul comporte des avantages indéniables. En voici une demi-douzaine qui me viennent à l'esprit à brûle-pourpoint :

SIX AVANTAGES À ÊTRE UN PEU SEUL

1. Ça fait moins de vaisselle à faire après le déjeuner.
2. Surtout si vous avez profité de cette opportunité pour manger un plat que vous vous êtes fait livrer – avec vos doigts en guise de fourchette.
3. Personne n'est là pour mal vous juger parce que vous écoutez *The Best of UB40, Volumes I and II* en entier, sans faire pause une seule fois.

---

* Bonjour, et BIENVENUE DANS L'IDÉE QUE JE ME FAIS DE L'ENFER.

4. Vous pouvez enfin regarder un épisode de *Game of Thrones* sans que personne vienne vous demander pourquoi Jaime Lannister continue de supporter les conneries de Cersei.
5. Vous êtes libre de laisser échapper quelques gaz en toute impunité.
6. Trois mots : bronzer à poil.

Ça fait envie, non ?

Croyez-en ma longue expérience : vous pouvez apprécier la compagnie de vos amis tout en choisissant parfois de vous prendre une journée pour vous-même plutôt que de répondre présent à une gentille invitation, que ce soit pour faire un volley ou un barbecue. Vous avez le droit d'aimer passer du temps avec votre partenaire tout en appréciant à sa juste valeur le temps passé seul. (Mon mari est la personne que je préfère, mais il n'est pas rare qu'il reçoive l'ordre de déguerpir.)

Malheureusement, certains de vos amis et de vos proches ne comprennent pas forcément votre besoin de « temps pour vous », et quand vous essayez de vous décommander ou de tirer poliment votre révérence, ils feignent l'incompréhension. *Mais regarde comme il fait beau ! Allez, si tu viens avec nous, on aura droit au tarif de groupe !* Ces gens-là ne sont pas des mufles. C'est juste qu'ils vous aiment vraiment et qu'ils veulent passer autant de temps que possible avec vous, pour pas trop cher.

C'est sympa... pour eux.

Si vous continuez de vous refuser à eux, ils peuvent même finir par se froisser. Ils considèrent que votre présence leur est due. Mais vous, vous avez le droit de faire passer la préservation de votre propre santé mentale avant la satisfaction de l'ego des autres ou la participation à leur chasse au trésor urbaine.

Au bout du compte, c'est mieux (pour tout le monde) que vous déclariez haut et fort ce que vous voulez, ce dont vous avez besoin, et ce que vous méritez, plutôt que de laisser à qui que ce soit la possibilité de vous pousser jusqu'au pétage de plombs : « POUR L'AMOUR DU CIEL, LÂCHE-MOI LA GRAPPE MAINTENANT OU JE T'ÉLIMINE ».

Si vous ne me croyez pas, demandez à mon mari.

L'esprit d'équipe c'est bien, la guerre c'est mal et la pluie ça mouille

Certains de mes amis ont vraiment l'esprit d'équipe, et ce n'est pas une mauvaise façon d'avancer dans la vie. Le problème, c'est qu'on critique beaucoup celles et ceux qui ne l'ont pas. On n'est tout simplement pas faits pour les sports d'équipe, pour les exercices de *team building* et pour les *pub quiz* en équipe (un sujet sur lequel j'ai déjà donné mon avis dans mon premier opus).

Personnellement, je préfère jouer avec moi-même.

Sans allusion graveleuse.

Mon problème, avec les équipes, c'est qu'aussi souvent qu'elles atteignent un objectif commun, elles peuvent aussi exploiter et aliéner des individus. Et quand vous êtes l'individu qui tire l'équipe vers le bas, cela peut devenir traumatisant.

Par exemple, me retrouver obligée de jouer au volley avec mes petits camarades du collège, c'était peut-être bon pour ma santé cardiovasculaire, mais pas pour mon amour-propre. En plus, si je jouais de la seule manière que je connaissais (en me faisant toute petite au bout du terrain et en gardant les mains sur les yeux) je devenais un frein à la victoire de mes coéquipiers. Et je me sentais mal de le faire. Pourquoi Monsieur McLeod ne demandait pas : « Qui veut s'asseoir sur ce joli banc bien solide pour compter les points ? Sarah ? Super. Tiens, prends un crayon. »

Si vous vous reconnaissez dans cet exemple, rien ne vous oblige à attendre qu'on vous mette sur la liste : portez-vous *volontaire* pour être Arbitre Officiel, dès le départ. En cours de sport comme dans la vie, si vous pouvez trouver une manière raisonnable de contribuer au bien commun tout en restant hors de la mêlée, pourquoi vous en priver ? Vous serez plus heureux, moins en danger, moins transpirant, et les gens qui aiment vraiment le service, la manchette et le smash peuvent vraiment « s'amuser ».

Parfois, vous serez l'individu qui se fait écraser par les autres.

Je ne sais pas pour vous, mais mes enseignants m'encourageaient tout le temps à « coopérer », une compétence qu'ils semblaient porter aux nues au même titre que la capacité à additionner, à soustraire, à épeler, et à lever la main quand on veut aller aux toilettes. Mais quand on me forçait à travailler sur un projet en groupe, je me retrouvais souvent à faire 90 % du travail tandis que les trois autres enfants levaient la main pour aller aux toilettes à tour de rôle – ou, dans le cas d'une de mes camarades de CM2, une enfant précoce elle aussi (mais différemment précoce), pour aller fumer une clope dans la cage d'escalier.

C'est pas sympa, Kristi.

Cette tendance s'est poursuivie dans ma vie d'adulte, où les employeurs m'ont demandé plus d'une fois de me « sacrifier pour l'équipe » et « ne pas la jouer trop perso » *tout en reconnaissant bien volontiers que les « autres » en question ne faisaient pas leur part du labeur*. Tu m'étonnes, après, que je déteste les pique-niques organisés par l'entreprise ! Ces événements cumulent le pire des cours de sport et du milieu corporate en un seul après-midi de « jeux de confiance » et de salades de pâtes détrempées.

(Vous vous rappelez les DBM de la page 37 ? Chez moi, « je veux faire mes propres choix » est à la fois un D, un B et un M. C'est ma vie. Et c'est ça qui m'a guidée quand j'ai franchi le pas de quitter mon poste en entreprise.)

Alors qu'est-ce que cette plongée dans mon passé antisocial, mauvais en sport et en coopération a à voir avec vous ?

Si vous n'avez pas choisi de sauter ce chapitre quand vous en avez lu le titre, alors je pense que vous et moi, nous sommes faits du même bois – comme deux doigts de la main, sauf que l'un comme l'autre, on trouve que c'est chiant d'être cinq. Je parie même que, si vous avez choisi ce livre de votre propre chef, vous considérez que vous auriez bien besoin d'un petit coup de main pour affirmer votre personnalité. J'ai bon ?

Sachez donc que, parfois, la meilleure façon d'échapper au Minimum Syndical de la Vie, c'est de se débarrasser de l'aspect « commun » de l'équation, et de **faire les choses à votre façon à partir de maintenant** (ou, mieux, dès le départ). Heureusement pour vous, je suis une experte certifiée en Faisage de Choses à Ma Façon. Je vous explique comment faire :

D'abord, vous devez cesser d'en avoir quelque chose à foutre de ce que pensent les autres. J'ai vraiment creusé le sujet dans mon premier livre, et pour épargner les lecteurs qui maîtrisent désormais cette technique ainsi que la méthode MêmePasDésolé, je vais éviter de trop me répéter, mais pour résumer, cela implique de ne s'inquiéter que des choses que l'on peut contrôler (votre propre comportement) sans se soucier de ce que vous ne pouvez pas contrôler (ce que pensent les autres).

Allez-y ! Comptez les points depuis la ligne de touche, ou postez-vous en fond de court immobile comme si vous étiez une attraction touristique de l'île de Pâques. Vos coéquipiers s'en remettront. Ne gaspillez pas votre temps et votre énergie à vous inquiéter de ce que les gens pensent de vous et du fait que vous fassiez « les choses à votre façon ».

Faites-le.

(L'astuce, c'est de ne pas devenir un trouduc en le faisant. J'ai prononcé un *TEDx talk* de 12 minutes au sur cette question. Faites-vous plaiz.*)

Enfin, soyez prêt à prendre vos responsabilités. Il n'est pas déraisonnable de croire en son instinct et/ou son éthique professionnelle plutôt qu'en ceux des autres. Une méfiance saine envers la capacité de vos collègues à présenter le rapport comptable trimestriel en temps et en heure peut vous éviter bien des migraines quand vient la saison des audits. Mais (et je sais que vous serez peut-être surpris) vous ne serez peut-être pas *toujours* celui qui a raison ou qui réussit le mieux.

Ici, au QG de *Fais comme tu le sens*, nous ne prétendons pas nécessairement que nous sommes les meilleurs et les plus intelligents, et nous reconnaissons que chaque petit être spécial recèle en son for intérieur de multiples façons de tout foutre en l'air – autant, en tout cas, que de tout déchirer.

---

* https://youtu.be/9lCW2devEhc?t=6m50s

Si vous vous trouvez au fond du trou creusé par une des plus catastrophiques de vos manœuvres solo, il est important de ne pas se laisser abattre et d'en tirer les leçons qui s'offrent à vous. Votre façon de faire est un itinéraire acceptable, mais aller vous coincer dans un petit cul-de-sac mesquin et délirant, ce n'est pas ce qu'on qualifierait de joli détour pittoresque.

Allez, vous êtes venu pour les schémas et les tableaux, mais vous pouvez aussi rester pour le vrai débat.

Au programme ensuite : le dernier « fais pas ci » de la deuxième partie – une règle qui me parle encore un peu plus que les autres, personnellement.

UN TIENS VAUT MIEUX QUE DEUX TU L'AURAS*

* PRENEZ DES RISQUES, IGNOREZ LES GENS QUI DOUTENT DE VOUS, ET PROUVEZ AUX HAINEUX QU'ILS SE TROMPENT.

Vous ne seriez pas en train de lire cette ode persuasive à l'émancipation personnelle si je n'avais pas très précisément démissionné d'un poste stable il y a deux années de cela (et donc choisi deux tu l'auras au détriment d'un tiens). Étonnant, non ? C'est à en perdre la tête, hein, cet enchâssement de récits. Pareil pour moi. Mais c'est vrai, et c'est l'illustration parfaite de ce que je suis sur le point de vous raconter.

Cependant, l'histoire qui sous-tend cette Grande Décision, je l'ai déjà racontée dans deux livres différents, en me penchant d'abord sur les *raisons* de ma démission (mieux choisir les choses dont j'ai envie de me soucier – et celles dont j'ai envie de me foutre), et ensuite sur la *manière* dont j'ai démissionné (en arrêtant de déconner). Donc, si vous voulez lire les aspects de mon « parcours personnel » – et, oui, j'ai vomi dans ma bouche en tapant ces mots – vous savez où les trouver.

L'angle d'approche que j'ai choisi cette fois-ci est un peu différent. Je souhaite parler de la **prise de risques**, qu'ils soient liés à votre situation professionnelle ou non.

Bien sûr, vous entendrez peut-être « on ne démissionne pas d'un poste stable » ou « un tiens vaut mieux que deux tu l'auras » quand vous annoncerez que vous laissez tomber votre neuf-à-cinq, que vous allez claquer vos maigres économies dans l'École des Mimes, et que vous partez vous installer à Berlin avec seulement une moustache et un rêve (cela dit, clairement, ce n'est pas un mime qui vous DIRA ça). Mais même si un gros câlin avec votre plan épargne retraite d'entreprise vous aide à vous endormir tous les soirs, un jour, il n'est pas exclu qu'on vous balance à vous aussi cette petite phrase à la figure, dans d'autres circonstances. Sans doute quelqu'un qui aura envie de vous rabaisser.

Quelle que soit votre situation – que vous ayez envie de passer une audition, de vous faire un beau cadeau ou de vous offrir une nouvelle coiffure – quand Jugien de la Jugeance persifle, se moque ou dit en riant « un tiens vaut mieux que deux tu l'auras », ce qu'il dit en fait c'est « C'est trop risqué. À ta place, je m'abstiendrais. » Avec peut-être une note subtile de « Je ne crois pas en toi, donc tu ne devrais sans doute pas croire en toi, toi non plus. » (Ou tout simplement « Je ne pense pas que tu aies le cran d'y parvenir ».)

Il peut pas s'en empêcher, le Jugien. Il est comme ça.

Quant à moi, je vais retenir la gifle que ma main a très envie de lui coller et donner à ce rabat-joie de première classe un tout petit peu de crédit dans cette histoire.

Parce que même si c'est assez mal vu de proférer des commentaires narquois sur les choix de vie des autres, **le contrat social pèse lourd dans le maintien d'un sentiment de sécurité partagée**. Alors si VOUS vous mettez à faire n'importe quoi avec les normes et que vous sortez du champ des décisions sages, raisonnées et conservatrices, qu'est-ce qu'il va devenir, ce pauvre Jugien ?

Il va devenir un Jugien terrifié. Il a peur, le Jugien, voilà tout.

Et la peur est une MORUE. (On en reparlera...)

Bien sûr, il peut être assez grisant de regarder les gens prendre des risques. Surtout si c'est depuis le confort et la sécurité de votre canapé – comme quand j'ai regardé en direct à la télé le funambule Nik Wallenda marcher au-dessus du Grand

Canyon. Il avait sous les pieds un gouffre de 2 kilomètres. Moi, j'avais dans les mains un paquet de chips au fromage. Super excitant. Mais parfois – ou en même temps –, se faire le témoin d'une prise de risque peut être assez flippant et perturbant. Cela oblige les gens à se mettre à la place de l'autre (en l'occurrence : sur un fil tendu au-dessus du vide, dans des chaussures montantes en peau d'élan faites à la main), et certains (comme notre copain Jugien) réagissent non seulement en faisant un grand pas en arrière pour s'éloigner du précipice, mais aussi en essayant de vous emmener avec eux.

Alors, ouais, je vous le concède, Jugien a des problématiques à résoudre dans sa tête, et je ne l'envie pas. Mais ce n'est pas parce qu'il n'aime pas être trop près du bord que ce n'est pas un endroit tout à fait adapté à une gentille fille comme vous.

Et d'abord, les risques, ce n'est pas que pour les Wallendas Volants – j'ai plein d'amis qui ont l'air stables sur leur CV et leurs relevés bancaires, mais qu'on peut croiser, le week-end, la tête dans la bouche d'un requin ou dans des cours de cracheurs de feu. Même les gens naturellement prudents comme moi (pas moyen que je m'approche de près ou de loin d'une moto ou d'une montgolfière) seront parfois attirés hors des sentiers battus.

Parce qu'un chemin de traverse n'est pas nécessairement aussi dangereux que Jugien (ou mon cher lecteur) l'imagine.

Une affaire périlleuse

Fais comme tu le sens est autant un livre de développement personnel qu'un épilogue de ma propre ~~crise~~ renaissance de la quarantaine*, qui m'a obligée à prendre quelques risques ces dernières années.

En plus d'avoir fait grimper d'un coup le stressomètre, de m'être mise à mon compte, et d'avoir convaincu un éditeur que j'étais capable d'écrire non pas un mais trois épilogues de ma vie d'avant (déguisés en livres de développement personnel), en 2016, j'ai décidé avec mon mari de quitter Brooklyn, New York, pour aller m'installer dans un tout petit village de pêcheurs en République dominicaine.

Et si vous m'aviez dit, quand j'avais seize ans, ou même vingt-six ans, que la personne que je serais à trente-six ans renoncerait non seulement à une carrière en plein essor, mais aussi à un bel appartement et à une existence stable et confortable, au profit d'un virage à 180 degrés vers l'inconnu, l'aventure et des serpents dans son toit**, j'aurais cherché par tous les moyens à avoir trente-six ans tout de suite.

Tout ça pour dire que je dispose de quelques vagues connaissances sur le risque, et que si vous sentez que vous êtes prêt à laisser tomber votre boulot stable (qu'il soit vrai ou métaphorique), qu'il vous manque juste un tout petit peu d'élan pour sauter dans le vide, alors je me ferai un plaisir de vous pousser. Métaphoriquement.

---

* Je n'avais pas exactement quarante ans. Disons que c'est une crise du milieu de vie. Aux États-Unis, l'espérance de vie d'une femme est actuellement de 79,13 années. Ce qui signifie que je ne pourrais pas être plus au milieu de ma vie si j'essayais de toutes mes forces de m'y trouver.

** « Sur son toit ? » a demandé son éditeur. « Non, absolument pas. C'est bien dans son toit », a-t-elle répondu. « Ah putain la vache ! » a-t-il rétorqué.

CINQ GENRES DE RISQUES QUE VOUS POURRIEZ PRENDRE (ET COMMENT LES ABORDER)

Changer de look : Vous raser le crâne, vous faire tatouer, virer gothique ou juste vous teindre les cheveux en blond… un *relooking* peut être subtil ou audacieux, mais rien ne vous oblige à l'adopter pour toute la vie. Les cheveux repoussent, les garde-robes peuvent être dérenouvelées et, de nos jours, les lasers sont très sophistiqués. Et si vous expérimentiez un peu ? Ce sont les risques les plus sympas à prendre : c'est marrant et semi-permanent. C'est à peine si ça compte comme un risque, en vérité. ***Niveau de risque : bougez-vous les fesses jusqu'au salon de tatouage !***

Auditionner pour quelque chose : Qu'il s'agisse de la troupe près de chez vous ou d'une compétition de talents internationale, la pire chose qui puisse vous arriver – mis à part l'obligation de faire étalage de vos charmes devant Joan Qui Bosse à La Poste (et qui dirige le projet de cette année, une mise en scène galactique de *Sweeney Todd, le diabolique Barbier de Fleet Street*) ou de gazouiller devant votre amour secret, Adam Levine – c'est que Joan ou Adam vous disent « désolé, pour moi, c'est non ». Alors allez me peaufiner ce monologue, travaillez vos octaves, et tentez le coup. ***Niveau de risque : respirez un bon coup.***

Faire un gros achat : Si vous avez pas mal d'argent de côté, alors l'achat d'une maison ou d'une voiture ne constitue pas un risque en soi. C'est un truc que vous faites tous les cinq ou dix ans. Félicitations ! C'est bien agréable, de pouvoir traverser la vie de cette manière. Mais pour la plupart d'entre nous, l'utilisation de nos maigres ressources pour l'achat d'un objet onéreux ou pour se payer une grande école passe par une décision plus qu'intimidante. Ce sont les risques que l'on prend pour grimper dans l'échelle sociale. Ils peuvent améliorer nos vies, bien plus encore qu'un premier rôle dans une version galactique de *Sweeney Todd*, mais ce projet nous fait risquer bien plus qu'une petite chair de poule. C'est vrai : ce que j'ai fait de plus terrifiant dans ma vie, c'est de signer un crédit. Mais je me suis blindée, nerveusement, grâce à de simples calculs. Calculez ce que vous pouvez vous permettre de dépenser, qu'il s'agisse d'un versement unique ou échelonné sur plusieurs mois, et ne vous surendettez pas. ***Niveau de risque : calculé.***

Déclarer votre flamme : Ça vous démange, de lui dire « Je t'aime » ? Est-ce que vous rassemblez votre courage pour mettre un genou à terre ? Ou peut-être que vous espérez que votre copain de bibliothèque répondra à votre poke avec un smiley qui en dit long... Cela peut vous paraître hautement compliqué, parce que vous avez le nez dedans, mais essayez de voir les choses de cette façon : il n'y a que deux solutions possibles. C'est BINAIRE. Je sais, c'est pas super romantique. Mais soit elle vous aime aussi, soit non. Soit il dira oui, soit il dira non. Soit votre appli Facebook fera « ting », soit elle se parera du même silence que celui qui règne dans votre chambre pendant les longues nuits d'hiver. Bref. Vous m'avez comprise. Oui, vous risquez d'avoir le cœur brisé, mais choisir de ne rien faire, juste pour éviter la déception, c'est se torturer soi-même. Quoi, vous êtes le marquis de Sade ? ***Niveau de risque : une suite de zéro et de uns.***

Lancer votre propre affaire en parallèle : C'est super intimidant, rien à dire là-dessus. Lancer sa boîte – que ce soit du Web design ou une boutique Etsy –, ça peut être un processus très gratifiant ou, au contraire, un échec profond et complet qui, en plus, vous aura annexé votre salon à coups d'ustensiles à bougies, de cire à bougies, de colorants à bougies et de moules à bougies. La clé pour qu'un projet de ce genre décolle, c'est un mélange de stratégie, de concentration et d'investissement. Toute cette partie de la question est fouillée dans *Arrête de déconner!*, mais elle ne vient qu'APRÈS votre décision de lancer un business. Pour ce qui est de l'instant où l'on décide enfin de prendre le risque, je peux vous garantir que *fortuna audaces iuvat*. C'est un proverbe latin qui signifie qu'il faut des couilles pour faire du fric. ***Niveau de risque: laissez-les pousser.***

Une fois votre décision prise (Bravo! Je savais que vous en étiez capable!), il faut continuer sur sa lancée alors que plein de gens vous balancent des saloperies au visage.

TOP 3 DES ASTUCES POUR FAIRE TAIRE LES HAINEUX

Avancez masqué: Quand mon mari et moi-même avons décidé d'aller nous installer en République dominicaine, nous ne l'avons dit à personne, ou presque. Pourquoi? Parce que nous ne voulions pas avoir à répondre aux interrogatoires, à nous expliquer, et à donner aux défaitistes du grain à moudre en cas de revers temporaires ou définitifs. Ce que les autres ne savent pas ne les blesse pas, *et* vous n'avez pas à en parler à table avec eux.

Filtrez vos appels: S'il n'est pas possible de garder secrète votre prise de risque, vous pouvez limiter votre exposition à l'énergie négative de la même manière que je limite mon exposition aux vendeurs de rue, aux arnaques Internet et aux démarcheurs téléphoniques: ne leur parlez pas. Si quelqu'un veut chier sur vos choix de vie en personne, inventez une excuse et allez-vous en.

(« Désolé, il faut vraiment que j'y aille » fonctionne à tous les coups). Si ce sont des e-mails que vous recevez, n'y répondez pas. Et si ce sont des coups de fil, mettez votre téléphone en mode silencieux sans le faire exprès. Oups.

Rendez-lui la monnaie de sa pièce : Si vous êtes en forme et que vous avez envie d'être impertinent, répondez simplement : « Merci, mais je ne t'ai pas demandé ton avis et je n'ai pas envie de le connaître. Je ne manquerai pas de faire comme toi le jour où tu seras sur le point de prendre une décision longuement réfléchie et bien stressante, en laquelle tu avais pourtant toute confiance avant que je n'ouvre mon claque-merde. »

Il arrive effectivement que des gens doutent de votre potentiel à la réussite. C'est une chose. Ces gens peuvent être donc maintenus dans l'ignorance, ignorés ou remis à leur place.

Mais que faut-il faire si ces voix viennent de votre propre tête ?

Si seulement je savais comment te quitter*

Quand j'avais quinze ans, j'ai essayé de démissionner de mon poste dans un restaurant local de viande et poisson. J'y étais vraiment très malheureuse, pour plein de raisons, et c'était la fin de saison. Je pensais que je pouvais démissionner et au moins profiter d'un week-end prolongé, loin des seaux d'eau souillée, des serpillières, et de la pâte aromatisée aux coquilles

* Une version plus longue de cette anecdote a été publiée dans *Medium* en 2015, dans un essai intitulé « Je démissionne aujourd'hui (et vous pouvez le faire aussi !). » J'en recycle certains éléments ici parce qu'ils sont ULTRA-PERTINENTS dans ce chapitre.

Saint-Jacques qui s'accrochait à mon futal Gap comme des bernacles sur leur caillou.

J'ai répété mon discours de démission presque autant de fois que j'ai répété ce *TEDx talk* que j'ai mentionné un peu plus tôt, puis j'ai rassemblé tout mon courage, toutes mes *cojones*, et pénétré dans le bureau du propriétaire pour lui demander de me rayer de son planning.

Définitivement.

Quand la conversation de quatre minutes a pris fin, j'étais en larmes et je tremblais de tout mon corps. Je sais aujourd'hui que c'était de la panique, mais à l'époque, j'ai cru à ma mort imminente. Pour doubler ces blessures d'une humiliation, ma mère m'attendait dans l'aire de stationnement pour me ramener chez moi après ma journée. J'ai silencieusement hissé mes *cojones* dans son minibus, incapable de me résoudre à lui révéler ce que j'avais fait.

D'une certaine manière, je ressentais d'instinct que poser ma démission, c'était mal, même si les raisons me paraissaient totalement bonnes et justes.

Le lendemain matin, mon patron a appelé mes parents pour les informer de ma décision « irréfléchie » et leur demander d'intervenir. Selon lui, j'étais trop importante à la pérennité de son entreprise pour qu'il se sépare de moi à ce moment-charnière. (Alors, que ce soit clair : c'est comme dire qu'un seul ado de quinze ans dans l'usine de Zhengzhou est indispensable au résultat trimestriel d'Apple.)

Mon patron savait que ma présence ou mon absence n'allaient pas affecter le destin de son établissement pendant la canicule du mois d'août, mais il savait qu'il pouvait foutre en l'air le peu d'été qu'il me restait en jouant la « carte des parents ». Et vu l'angoisse que j'avais affichée face à lui la veille, il se doutait probablement que je ne leur avais pas encore dit – Père et Mère découvriraient donc de sa bouche à lui que je n'étais pas l'enfant parfait qu'ils pensaient avoir élevé, mais une petite pleurnicharde dégonflée.

J'admets que je ne démissionnais pas pour un poste plus intéressant ou lucratif. Je n'étais pas en train de me construire une carrière dans la restauration, qui nécessitait que je plante mon employeur pour monter l'échelle d'un cran en rejoignant Mike's Clam Shack, pas plus que je n'avais déclaré une allergie toute récente aux fruits de mer. (Je précise également que les 2,30 dollars de l'heure que je touchais ne me servaient pas à nourrir ma famille – ce n'était qu'un petit job d'été.) C'est juste que je n'étais pas heureuse là-bas, et que je ne voulais plus y aller. Plus jamais. Pas un jour de plus.

Mais bien entendu, j'y suis retournée, les cordons de mon tablier entre les jambes. La culpabilité et la honte peuvent constituer de puissantes sources de motivation. On n'a aucune chance de gagner si on abandonne, faut pas se dégonfler, tout ça tout ça.

EN FAIT, PARFOIS, QUAND ON ABANDONNE, TOUT LE MONDE GAGNE

Imaginez, un instant, que Barack Obama ait décidé de ne pas quitter son poste de sénateur pour accéder à la présidence, en 2009. Si à la dernière minute, juste avant son investiture, il avait dit : « Nan les gars, désolé, mais en fait, je vais rester à ce poste tranquille que je connais bien. » Ou si Meat Loaf avait décidé de ne pas démissionner de son poste de videur de boîte de nuit pour passer l'audition pour jouer dans la comédie musicale *Hair*, grâce à laquelle il a rencontré Jim Steinman, son futur collaborateur. Le monde serait un lieu beaucoup moins sympathique, vous ne trouvez pas ?

De tout temps, les gens qui sortent de leur zone de confort et se lancent dans la Grande Inconnue ont été récompensés pour leurs tripes et leur force de caractère. Et en plus ils nous ont offert huit années de dignité internationale, et plaisir vivace de pouvoir réécouter « Paradise by the Dashboard Light ». Merci, Obama. Merci, Meat Loaf.

Cet incident a lancé dans mon cerveau une espèce de boucle auditive qui ressemblait à : « C'est mal, d'abandonner. C'est un échec personnel. Non seulement, culturellement, c'est inenvisageable, mais en plus, c'est un rejet de l'éthique professionnelle puritaine sur laquelle ce pays s'est construit, bordel. »

Cette petite voix s'est fait entendre à plusieurs reprises pendant les vingt années suivantes, comme quand je travaillais dans une librairie où j'étais régulièrement ridiculisée par ma superviseuse, Wendy-Ann, parce qu'elle me considérait comme une Madame JeSaisTout (et aussi parce que j'avais « lu les livres que [je] recommandais aux clients »). Mais j'avais signé mon contrat pendant le rush de l'automne. Les étudiants de la fac d'à côté venaient y acheter leurs manuels. Alors j'ai tenu mes engagements, même quand j'ai reçu une offre idéale pour lancer ma carrière : un poste chez un agent littéraire prestigieux. Je travaillais pendant seize heures les week-ends à la librairie, tout en commençant mon nouvel emploi d'assistante d'agent pendant la semaine.

Je ne voulais pas que Wendy-Ann pense qu'en plus d'être une Madame JeSaisTout, j'étais une lâcheuse.

Presque un an après avoir rejoint cette agence littéraire, je développais un emphysème pulmonaire à cause du tabagisme passif auquel m'exposait la compagnie d'une fumeuse à deux paquets par jour dans un bureau confiné, fumeuse qui s'est avérée aussi verbalement abusive, imbibée de Chardonnay, et plus que radine. Est-ce que je voulais démissionner sans coups de semonce ni parachute ? À peu près tous les jours, oui. Mais est-ce que j'ai agi de manière très responsable, cherchant d'abord un nouvel emploi puis offrant, magnanime, un préavis d'un mois à ma future-ex-patronne – alors que c'étaient les vacances ? Oui, j'ai fait ça, aussi.

(Et pourtant, quand deux mois plus tard, je suis venue lui présenter mes condoléances aux funérailles de sa mère, elle m'a présentée à l'assemblée réunie comme « l'assistante qui m'a abandonnée alors que ma mère était en train de mourir », de sorte que, même en ayant fait tout ce que je décris ci-dessus, je me sente rétroactivement coupable d'avoir démissionné.)

Après cela, j'ai enchaîné les postes dans l'édition, et je n'en démissionnais que pour une augmentation de salaire, une promotion ou toute sorte de mouvement vers le haut, qu'il prenne la forme d'un mobilier de bureau un peu moins bringuebalant ou d'un BlackBerry payé par la boîte. D'après les termes du contrat social, ce genre de démission semblait être le seul acceptable.

C'est comme cela que je fonctionnais jusqu'à il y a deux ans, quand j'ai démissionné de mon dernier emploi pour les mêmes raisons que lorsque j'ai essayé de me défaire de mon job au restaurant à l'été 1995. On ne m'offrait rien de mieux. Je n'avais pas gagné à la loterie. Je voulais juste être PLUS HEUREUSE, et la seule façon d'y parvenir, c'était de :

1. faire face à mes peurs d'être jugée, critiquée, et regardée de haut parce que j'étais une « dégonflée » ;

2. me jeter dans ce putain de vide (métaphorique).

Pour certaines personnes, l'étape numéro 2 est peut-être la plus difficile. Pour moi, le fait de laisser derrière moi un salaire qui tombe tous les mois et la difficulté de démarrer ma propre activité en free-lance étaient terrifiants, mais j'avais des plans pour surmonter tout cela. (Au cas où vous ne seriez pas au courant : j'aime bien planifier.)

Moi, c'était la première étape qui m'empêchait de dormir. J'entendais Jugien, comme s'il tirait des coups de semonce jusque dans mon oreiller.

Si tu te lances là-dedans et que ça ne fonctionne pas, ils ne te reprendront jamais, tu sais. Tu auras prouvé que dès le départ, tu ne méritais pas ton emploi salarié, et qu'est-ce que tu feras, hein ? Ça paraît bien risqué, tout ça. Je ne le ferais pas à ta place. Oh, et post-scriptum, je ne crois pas en toi, alors sans doute que tu ne devrais pas croire en toi, toi non plus. Et dernière chose : ce n'est sans doute PAS le moment de changer radicalement de coiffure.

Avance rapide deux ans plus tard : je peux dire sans trop m'avancer que ma démission a été le bon choix. (Je peux même nominer cette dernière phrase au titre de plus Grand Euphémisme du Millénaire). Et un soir, alors que j'étais en train de m'endormir sans appréhender mon trajet en transports en commun du lendemain matin, je me suis rendu compte que ce n'était pas Jugien qui me soufflait des mots doux à l'oreille.

J'aimerais vous dire le contraire mais ça, je ne peux pas vraiment le lui reprocher – c'est un des thèmes de ce chapitre, on dirait.

Minuit dans le jardin des obligations, de la culpabilité et de la peur

Quand il s'agit de prendre des risques, **c'est souvent dans VOTRE PROPRE CERVEAU que pousse la graine du doute**. Elle a été plantée là par une culture qui accorde une grande valeur à la stabilité et prospère grâce aux obligations, à la culpabilité et à la peur.

De même qu'on plante des soucis dans les jardins pour éloigner les insectes des plantes les plus utiles (enfin, c'est ce que je me suis laissée dire), le doute est là pour une bonne raison. Il est là pour préserver la stabilité, ce qui est souvent une très bonne chose, au travail, mais aussi dans vos finances, vos relations, etc.

Mais vous ne pouvez pas accorder aux soucis du doute ***l'accès illimité* aux obligations, à la culpabilité et à la peur**, ou alors ils finissent par se fumer tout le joint en cachette.

C'est normal, d'entretenir les graines. De reconnaître leur utilité. Faites-leur savoir que vous savez qu'elles savent que vous savez qu'elles sont là, et laissez-les pousser juste assez pour qu'elles fassent leur travail, sans qu'elles aillent jusqu'à étouffer tout ce qui pousse autour d'elles.

Voici trois questions que vous pouvez vous poser pour garder la maîtrise sur vos soucis du doute :

- **Avez-vous des OBLIGATIONS vis-à-vis de qui que ce soit d'autre, qui pourrait être affecté par le risque que vous envisagez ?**

  « Oui, oui, carrément » pensez-vous peut-être. Mais s'agit-il d'une véritable obligation (s'agit-il de gens qui dépendent exclusivement de vous, financièrement parlant) ? Les obligations légitimes sont comme des plantes médicinales, comme, je ne sais pas, moi, les tabourets des champs ou le trèfle*. Elles sont là pour vous aider à maintenir l'équilibre dans votre jardin. Cela ne veut pas dire que vous ne pouvez pas les arracher à un moment donné. Mais prenez votre temps. Cependant, s'il s'agit d'une obligation imagi-

* Bien sûr que j'ai dû chercher « plantes médicinales » pour faire cette analogie. La seule plante médicinale sur laquelle je sais deux ou trois trucs n'est légale dans aucun pays où l'on vend des livres.

naire – si vous avez peur de décevoir des gens qui ne sont même pas directement affectés par vos choix – alors c'est juste de la mauvaise herbe, comme la digitaire. Allez hop ! On désherbe.

• Est-ce que vous vous sentez COUPABLE du risque que vous êtes sur le point de prendre ?

Peut-être que vous voulez vous présenter au poste de délégué de classe, même si votre meilleure amie a déjà posé sa candidature. Cela peut mal tourner, et vous n'avez pas tort d'avoir des réticences. Mais si c'est important pour vous, et que vous ne le faites pas juste pour la contrarier, alors vous n'avez pas à vous sentir coupable. Cependant, si vous êtes sur le point de risquer une amitié pour une raison idiote – par exemple, si vous avez envie de niquer avec l'ex de votre pote en espérant qu'il ne s'en rende pas compte –, du calme, Casanova. Certaines formes de culpabilité ont des raisons d'exister, et d'autres non. Mais restez vigilant, sinon la culpabilité dévorera TOUTES vos plantes comme une chenille sphinx parasitée. Vous avez cherché ça sur Google, récemment ? Je vous le déconseille.

• Est-ce que vous avez PEUR de ce qui pourrait arriver une fois que vous aurez pris le risque ?

C'est sain, parfois, d'avoir peur. Par exemple, manger du tétraodon venimeux ou monter à cru ne sont peut-être pas des risques que vous voulez faire courir à votre... potager. (Je ne juge personne, hein, mais dans des cas comme ceux-ci, je dirais que les soucis du doute font bien leur travail. La peur les aide à conserver leur éclat.) Encore une fois, c'est une histoire d'équilibre. Si vous passez tout votre temps à semer la peur dans votre jardinet, autant le recouvrir direct d'une grande bâche bleue et laisser les mauvaises herbes et les chefs des chenilles se disputer le pouvoir suprême. Moi je parie sur les chenilles.

*** QUESTION BONUS***

- **Est-ce que vous avez PEUR de vous faire juger et critiquer pour avoir ne serait-ce qu'envisagé cette prise de risque ?**

Et voilà, la boucle est bouclée. LA PEUR EST UNE MORUE. Vous vous rappelez que la plus grande peur que je nourrissais, à l'époque où j'évaluais les risques générés par ma démission, c'était « le qu'en-dira-t-on ». Et cette peur-là, une bonne grosse bâche bleue tissée pendant des décennies, m'a longtemps empêchée de faire ce qui s'est avéré une des meilleures décisions de ma VIE.

Au final, mon seul regret n'est pas d'avoir pris un risque, mais d'avoir mis tant de temps à le prendre. (Cette maxime a l'air tout droit sortie d'un autre visuel motivationnel qui traîne sur le Web, avec en filigrane une photo d'Eleanor Roosevelt, ou – je sais pas – la moustache de Mark Twain. Et ça, c'est hors de question. Pas chez moi. J'ai une réputation à tenir.)

Comme je l'ai dit en début de chapitre, « Un tiens vaut mieux que deux tu l'auras » est la phrase passe-partout qu'on prononce au lieu de formuler clairement les raisons pour lesquelles on désapprouve une prise de risque.

Que vous vouliez vous présenter à la présidentielle, vous faire une permanente, ou aller vous installer dans un pays réputé pour la faune que l'on trouve dans sa jungle, ne laissez personne vous dire que vous n'en êtes pas capable, que ce soit Jugien de la Jugeance ou votre propre cerveau irrationnel.

Ne laissez personne vous dire non plus vous prédire que vous aurez air ridicule, ou que vous le regretterez.

Voilà une transition parfaite vers la Troisième Partie, justement ! Quelle coïncidence !

3e PARTIE

PROPHÉTIES ET PROMESSES : DE GRANDES ESPÉRANCES (OU PAS)

C'est-y pas mignon quand vos amis et les membres de votre famille – ou même de parfaits inconnus – se la jouent Madame Soleil et vous racontent ce que vont entraîner *vos* choix de vie ? Ces gens devraient boursicoter, ils sont tellement doués pour prédire l'avenir !

Cette troisième partie traite des attentes – celles des autres, évidemment – et du fait qu'il n'y a pas de raison pour qu'elles vous affectent. Il suffit de les en empêcher.

Ceci étant dit, je pense qu'il est important de gérer les attentes des uns et des autres. Il faut que votre entourage (votre patron, collègue, ami ou partenaire) sache ce que vous pouvez lui apporter avant que vous ne lui apportiez quoi que ce soit. De cette façon, personne n'aura de raisons d'être déçu quand vous fournirez très précisément ce que vous aviez promis. **Cependant, j'ai horreur d'avoir à me plier à des attentes qu'on a fixées** à ma place. Je préfère installer moi-même les cibles à atteindre, et si je les dispose à des endroits qui semblent incongrus aux adeptes de la vie « conventionnelle », je n'ai pas besoin de me farcir les commentaires qu'ils déblatèrent depuis les gradins.

Surtout si c'est pour les entendre dire : « Tu changeras d'avis ». D'où le premier chapitre de cette Troisième Partie, sur les choix de vie qui dérangent inexplicablement les gens qui n'ont pas à les vivre eux-mêmes.

Au-delà de m'entendre annoncer les choix que je ferai ou ne ferai pas, il y a autre chose qui me rend dingue, c'est **qu'on me dise comment je me sentirai *après* avoir fait lesdits choix**. Sans déconner ? T'as pénétré dans mon cerveau en mode Matrix, c'est ça ? Écoute bien : j'ai éprouvé plus de regrets en laissant pourrir des restes de poulet tandoori dans mon frigo que beaucoup de gens n'en ont éprouvé en signant les papiers de leur divorce, et inversement, je ne regrette toujours pas de ne pas avoir regardé *Breaking Bad* jusqu'au bout. Calme ta joie, Morpheus. Tu connais pas ma vie.

Dans le chapitre intitulé « Ça, tu le regretteras », nous discuterons des différences entre ce qui est censé être bien, ce qui est censé être mal, ce que des personnes extérieures vous *racontent* sur la question, et de la manière de procéder pour éviter de tomber dans le « regret préventif ». Non pas qu'il faille absolument se priver de **l'avis des autres si vous souhaitez le connaître ou estimez en avoir besoin** avant de prendre votre décision (après tout, c'est une forme de collecte d'information comme une autre), mais la Troisième Partie ne va pas gloser pendant des heures sur l'aide précieuse que vous a fournie votre copine Claire pour changer d'opérateur téléphonique. Ce dont nous parlerons, c'est des solutions pour éviter que vos désirs, vos sentiments, vos espoirs ou vos regrets vous soient décrits dans leurs moindres détails (avant qu'ils n'aient de raison d'exister) par quelqu'un qui ne sait absolument pas de quoi vous parlez.

Le fait est que Personne (vous y compris) n'est en possession de la moindre boule de cristal, et donc que personne (moi y compris) ne peut vraiment vous dire ce qui se passera si vous faites certains choix plutôt que d'autres. **Laisser les *attentes* des autres barrer la route à votre propre *expérience* – et aux leçons que vous pouvez en tirer –, ce n'est pas une vie.**

Mais attendez, ce n'est pas tout !

Dans « C'est pas comme ça qu'on arrive à quoi que ce soit », un hymne au pessimisme, je vous expliquerai pourquoi c'est bien de considérer que le verre est à moitié vide. Dans « Tu ne trouveras jamais un bon boulot si tu ne vas pas à la fac », nous étudierons plusieurs définitions de la réussite, et je vous expliquerai pourquoi vous êtes la seule personne en mesure de décider laquelle vous ferez vôtre. Et dans « Ça te suivra toute ta vie », un chapitre consacré à l'art d'être bizarre, nous allons hisser le drapeau des chelous et le laisser flotter au vent.

Si j'ai un conseil à vous donner : continuez à lire. Vous ne le regretterez pas.

TU CHANGERAS D'AVIS*

* JE CHANGERAI D'AVIS SUR LES CHOIX DE VIE PEU COMMUNS QUI AGACENT INEXPLICABLEMENT DES GENS QUI N'ONT PAS À LES ADOPTER ? SANS DOUTE PAS.

Dans mon ancienne vie professionnelle, j'ai édité un mémoire de la comédienne Jen Kirkman, intitulé *C'est à peine si je sais m'occuper de moi – Contes d'une vie heureuse sans enfants*. Alors que nous recherchions le titre idéal, nous avons reçu beaucoup de conseils de la part de beaucoup de gens.

À l'origine, Jen voulait intituler son livre *Tu changeras d'avis*, car c'est la première chose que la plupart des gens répondent à une femme quand elle leur dit qu'elle a « choisi de ne pas avoir d'enfants ». Aujourd'hui, je ne me rappelle pas pourquoi nous avions écarté ce titre, et puis d'ailleurs je m'en fous. Je le vole pour en faire le titre de ce chapitre, parce qu'il couvre non seulement cette question du polichinelle (ou de son absence) dans le tiroir, mais aussi **toutes sortes de choix de vie pour lesquels vous pouvez opter, et qui sont assez peu conventionnels pour mettre les gens mal à l'aise au point qu'ils vous fassent la leçon**.

Vous savez, comme un guide touristique dominicain, par exemple.

L'útero qui fâche

Il y a quelques mois, avec mon mari et un couple d'amis, nous sommes allés visiter le parc national Los Haitises en République dominicaine. On grimpe sur un bateau avec une dizaine d'autres touristes, et on vogue sur la baie de Samaná, on observe des oiseaux, on visite une grotte ou deux, on se laisse flotter à travers les mangroves, et on boit du rhum. Le truc habituel. Notre guide, Rigoberto, était trilingue. Impressionnant, le mec. Grâce à ses infinies compétences en anglais, il nous a demandé, à mon amie et moi-même, si nous avions des enfants.

— Non, a répondu mon amie. Je n'ai que des chats.

— Non, ai-je dit à mon tour sans la moindre hésitation.

Rigoberto s'est mis à rire, et a lancé au capitaine du bateau, en espagnol :

— Hay un problema con sus cosas ?

Il demandait si nos maris avaient des problèmes avec leurs « machins » – parce qu'évidemment, c'est la seule raison pour laquelle deux femmes en âge de procréer n'ont pas d'enfants qui les attendent au port.

— No, ai-je répondu, en espagnol cette fois, et en articulant très distinctement. No me gustan los niños.

Vous pensez peut-être que le fait que je lui dise, sans ambiguïtés, et dans sa langue maternelle, que je n'aime pas les enfants, a suffi à clore le débat. Mais il m'a fait *tsss tsss* (c'est du langage universel) et m'a rétorqué :

— Si a tu madre no le gustaban los niños, no estarías aquí.

Ouais, d'accord, c'est peut-être vrai. Si ma mère n'aimait pas les enfants, je ne serais peut-être pas là. Et ma mère adore les enfants. Non seulement elle en a eu deux, mais en plus, elle a enseigné pendant plus de quarante ans à des gosses entre 6 et 7 ans. Elle a passé sa vie avec constamment tout un tas de petits merdeux dans les pattes. Elle dit toujours que si elle avait eu les moyens, elle aurait fait un élevage.

Pourtant, sa mère (ma grand-mère) a eu un élevage, elle. Mais je ne suis pas certaine que c'était parce qu'elle aimait les enfants. C'était peut-être le cas, mais elle était aussi catholique pratiquante, mariée en 1946, à l'âge de vingt ans, alors je vous laisse en tirer les conclusions qui s'imposent. Quoi qu'il en soit, quand elle avait l'âge que j'ai aujourd'hui, elle avait sept enfants. Le plus âgé avait quinze ans et le plus jeune deux ans.

Et même si je ne peux pas imaginer ce que c'est d'avoir ne serait-ce qu'un bébé ou un adolescent à surveiller du matin au soir (alors, SEPT...), je sais que je n'ai pas envie d'essayer. J'en suis certaine. À choisir, j'aime mieux aller patauger dans la mangrove avec les alligators.

Ce que je ne me suis pas fatiguée à expliquer à Rigoberto, c'est que ma mère est la seule parmi les sept enfants de sa fratrie à avoir fait des enfants. Avec nos six années de différence, mon frère et moi ne nous entendions pas très bien, alors aux réunions de famille, je discutais avec mes tantes et mes oncles, des adultes, et il arrivait que j'aille passer des vacances avec un cousin éloigné du côté de mon père. Et ça m'allait très bien. Je n'ai jamais rêvé d'une grande famille ou d'une petite sœur pour jouer à la poupée. (J'ai bien peur d'avoir déclaré très clairement que je ne voulais pas de petit frère non plus, quand j'ai su que c'était ce qui m'attendait. Désolée, Tom.)

Quoi qu'il en soit, je suis une femme de quarante-ans-ou-presque qui n'a jamais, jamais, jamais voulu d'enfants. Même pas une fois. Je n'entends pas le tic-tac de l'horloge biologique, et les raisons pour lesquelles je n'en veux pas sont d'une simplicité extrêmement appréciable – c'est une chance, j'en ai bien conscience. D'ailleurs, je ne pense pas qu'il y ait eu quoi que ce soit d'autre *dans ma vie* dont j'ai été sûre à ce point.

Alors pourquoi tant de gens sont convaincus que je changerai d'avis ? Et pourquoi diable faut-il qu'ils me le balancent à la gueule ?

Comment convertir la conversation conventionnelle

Ce n'est pas comme si je n'avais pas opté pour un parcours conventionnel, à de multiples reprises, dans ma vie : je suis allée au lycée, à l'université, j'ai « fait carrière » et je me suis mariée. La différence entre moi et tous les abrutis condescendants de ce bas monde, c'est que je me fous comme de ma première chemise si quiconque choisit de procéder de la même façon, de faire différemment, ou de porter une combinaison moulant en lamé or. Tu fais comme tu le sens.

Je sais aussi apprécier la liberté que j'ai eue (et que j'ai) pour faire des choix non conventionnels, comme le fait de ne pas avoir d'enfants, d'abandonner ma carrière corporate pour aller vivre dans un pays du tiers-monde, et de mettre du Cointreau dans mes spritz à l'Aperol à la place de la rondelle d'orange. Parfois, ces choix me compliquent la vie, et parfois, ils améliorent énormément mes habitudes antérieures.

Et qu'est-ce que cela change pour quiconque n'est pas moi ?

Si une patronne n'aime pas ma façon de faire, elle peut me renvoyer. Si un client pense que mes manières peu conventionnelles ne lui conviennent pas, rien ne l'oblige à m'embaucher. Et quiconque n'aime pas mon attitude n'est pas obligé de traîner avec moi, de m'épouser, ou de lire mes livres.

Cependant, comme *vous*, vous lisez mon livre (Excellent choix de vie, au fait. Très fort.), il est possible que **le mot « non conventionnel » vous décrive, vous tout entier, ou au moins certaines de vos pensées, de vos actions, de vos trajectoires, et de vos vestes de jogging**.

Ou peut-être que c'est un mot que Jugien de la Jugeance utilise pour vous qualifier, alors que vous ne l'utiliseriez pas précisément pour vous définir. Une autre vache, un seul et même bout de fromage... Et si on le coupait en deux pour lui servir sur un plateau ?

Il y a beaucoup de choix de vie qui contrarient une bonne partie de la population conventionnelle. Ces gens sont du genre à vous signifier très explicitement qu'ils désapprouvent quand vous leur exposez vos projets de vie. Voici une liste non exhaustive du genre de choix qui peut hérisser les gens conventionnels :

> **Vous voulez devenir sculpteur ?** Vous changerez d'avis [à votre prochaine lubie capricieuse].
>
> **Vous voulez devenir vegan ?** Vous changerez d'avis [dès que vous vous rendrez compte que vous n'avez plus droit aux vrais cornets de glace].
>
> **Vous voulez rester célibataire toute votre vie ?** Vous changerez d'avis [dès que vous aurez rencontré l'homme/la femme qu'il vous faut].

Ce ne sont pas mes choix à moi. Je ne veux pas vivre de ma sculpture, renoncer aux produits laitiers ou avoir à sortir les poubelles moi-même à chaque fois, mais vous faites comme vous le sentez. Et ne le prenez pas mal, mais je me fiche de la manière dont vous atteignez vos objectifs – du moment que vous ne faites de mal à personne et que vous ne faites pas de tapage nocturne devant chez moi quand j'essaye de dormir.

Malheureusement, certaines personnes refusent d'entendre un « Non je ne changerai pas d'avis ». Voici quelques astuces pour mettre fin à la conversation quand vous devez subir ce genre de personnes :

CHOIX DE VIE	RÉPONSE À « TU CHANGERAS D'AVIS »
Être un artiste	« Oh, c'est ce qui t'est arrivé à toi ? Ou est-ce que tu voulais déjà devenir un gros relou médisant quand tu étais petit ? »
Pas de sexe avant le mariage	« Mais tu me dragues ou quoi ? »
Ne pas avoir d'enfants (à 25 ans)	« Là, mon enjeu principal, c'est d'avoir le sein fier et guilleret. »
Faire un doctorat	« Alors t'es gentil, tu me dis « Vous changerez d'avis, Docteur ». »
Se mettre à son compte	« Je vais m'occuper de mes affaires, en gros. Tu ferais bien d'en faire autant, du reste. »
Ne pas avoir d'enfants (à 35 ans)	« Toujours pas. Je croise les doigts pour passer encore trente ans sans pisser quand je rigole. »
Devenir végétarien/vegan	« Et les vaches ? Elles ont le droit de changer d'avis, les vaches, ou pas ? »
Arrêter l'école	« Steve Jobs. »
Ne pas avoir d'enfants (après 45 ans)	« J'en parlerai à mes ovaires. »
Se marier jeune	« Ouais, mais plus vite je lui mets le grappin dessus, plus vite je peux lui chourer la moitié de ses biens ! »
Rester célibataire	« Écoute, quoi qu'il arrive, t'es pas invité au mariage, donc quelque part, t'es pas concerné... »

Bien sûr, il arrive que ces Jugiens de la Jugeance aient raison. **On peut très bien changer d'avis sur une ancienne croyance ou sur la pertinence d'une décision passée.** C'est même pour ça qu'on a inventé le divorce, et que des gens deviennent des courtiers hypothécaires plutôt que des humoristes. (Cependant, si vous m'autorisez à ma la péter un instant, en toute humilité, je me suis trouvé un courtier hypothécaire qui fait du stand-up.)

Mais Jugien n'aura pas raison à tous les coups, et, vraiment, il ne devrait pas influencer les Décisions Majeures que vous ambitionnez de prendre pour votre propre Vie, avec sa vision du monde étriquée et ses déclarations mal dégrossies. Voici une bonne réponse multi-usage à lui soumettre en cas de besoin : « Ah tiens, on dirait que je viens de changer d'avis sur autre chose : je n'ai plus envie d'en parler avec toi. »

Et quand on n'a pas le choix ?

Biiip, biiip ! Ah, c'est mon alarme-privilège qui sonne. (Elle est réglée sur Personne Blanche Hétéro et Cisgenre Qui Vous Dit Comment Faire.)*

Mon deuxième chromosome X est peut-être une croix génétique que j'ai à porter, et je subis peut-être certaines formes de discrimination à cause de lui (sans compter les conversations idiotes et légèrement offensantes sur mon utérus révolutionnaire), mais je n'ai pas de connaissance empirique directe de ce que c'est que d'être gay, lesbienne, bisexuel, transgenre, *queer*, handicapé, afro-américain, hispanique, amérindien, musulman, juif, ou d'être tout simplement d'une autre couleur de

* « Cisgenre » est un adjectif désignant les gens dont le genre correspond au sexe qu'on leur a assigné à la naissance (N.d.T.).

peau, d'une autre ethnie ou d'une autre culture religieuse que les miennes.

Et même si PERSONNE NE CHOISIT CES CHOSES-LÀ, nous savons tous que certains connards pensent que si, en fait. Et même que vous devriez changer d'avis. Ou au moins cacher ce que vous êtes. Ou vous mettre en couple avec cette gentille fille que vous avez rencontrée en thérapie de réorientation sexuelle.

Tout ça pour dire que j'aurais tort de dispenser des conseils comme « Vous n'avez rien à perdre à être honnête avec vous-même ! » ou « Ignorez les haineux ! » sans **admettre au préalable que des menaces pèsent sur certaines personnes qui ne sont ni hétéros, ni cis, ni blanches lorsqu'elles décident de « faire comme elles le sentent »**.

Je ne sais pas ce que c'est que de vivre cela, et si vous le vivez, vous personnellement, j'en suis désolée. *Fais comme tu le sens* est peut-être un livre de développement personnel tout bête, mais j'espère qu'il vous apportera ce que vous êtes venu chercher dedans, que ce soit l'acceptation de soi, la confiance en soi, la solidarité ou quelques éclats de rire.

Qui que vous soyez, je veux que vous sachiez que je respecte votre personne dans son essence la plus indéniable, que je respecte vos choix de vie, et que je n'essaierai pas de vous pousser à changer d'avis.

Sauf si vous m'empêchez de dormir la nuit. Là, je peux devenir violente.

C'EST PAS COMME ÇA QU'ON ARRIVE À QUOI QUE CE SOIT*

* IL Y A PLEIN D'AVANTAGES AU PESSIMISME.

Parmi les choses qui nous opposent, mon mari est un infatigable optimiste, alors que moi, je considère toujours que le verre est à moitié vide. Ç'a été une source de friction entre nous pendant des années, jusqu'à ce qu'il accepte qu'il valait mieux me laisser me remettre de mes frustrations quotidiennes avec mes propres armes (la rage, le vin rouge, et l'apitoiement sur mon sort) plutôt que de me donner envie de l'étrangler la prochaine fois qu'il me dirait de voir le bon côté des choses. Mes frustrations, je préfère les laisser mijoter sous le feu de mes sentiments à 90 degrés, plutôt que de les arroser délicatement de platitudes sans alcool. Ouvrir grand ma gueule (et à l'occasion, me bourrer la gueule), c'est comme ça que je m'en sors.

Fait intéressant : seulement 37,6 % des gens qui ont répondu à mon sondage se considèrent comme des pessimistes. Alors même en relativisant ce chiffre, parce que, n'étant PAS UNE SCIENTIFIQUE, MIKE, je n'ai pas étudié un échantillon de population très important, il semble que je fasse partie de la minorité.

Quoi qu'il en soit, j'ai quelque chose à vous apporter.

À mes potes Calimero : Regardez ! La section qui vient contient plusieurs arguments convaincants à dégainer la prochaine fois que quelqu'un vous dit : « Pourquoi faut toujours que tu sois négatif à ce point ? »

Et à ceux qui voient le verre à moitié plein : Vous faites comme vous le sentez (et ça vaut pour toute la vie), mais si vous en avez marre d'espérer le meilleur et envisagez, un de ces jours, de vous préparer au pire, je vous couvre. Comme votre assurance inondation.

Les trois petits P

La négativité est souvent vue comme un bug, plutôt que comme un trait de caractère classique. Vous ne serez pas surpris d'apprendre que je désapprouve cet état de fait, et voici trois raisons pour justifier mon avis. Ces trois raisons commencent toutes par la lettre « P », parce que j'aime les allitérations, et si vous n'êtes Pas content, c'est Pareil :

LA PRODUCTIVITÉ

Dans *Arrête de déconner !*, j'ai lancé ma théorie du « Pouvoir de la Pensée Négative », en expliquant comment **l'agacement profond pouvait être une grande source de motivation**. La colère fait couler en moi la productivité comme le ferait une espèce d'élixir magique. Pour moi, l'énervement, c'est le déodorant Axe™ du « Torchons ce projet à la con aussi vite qu'il est humainement possible de le torcher ».

Par exemple, quand je me suis autorisée à reconnaître que j'étais malheureuse à mon ancien poste, l'agacement m'a aidée à m'en extirper bien plus rapidement que si je m'étais pointée chaque matin à essayer de voir la lumière dans une salle de réunion éclairée au néon.

Voici plusieurs astuces pour vous servir de votre négativité et de votre pessimisme pour être plus productif :

> **Identifiez la menace :** Partez du principe, dès le départ, que tous les gens accompagnés d'enfants en bas âge auront à essuyer une crise dans la file d'attente,

alors choisissez un autre guichet – vous vous épargnez un pétage de plombs et gagnez un quart d'heure. Pessimiste ? Oui. Pratique ? Grave.

Neutralisez l'ennemi : Au lieu d'espérer que votre mec remarque enfin le champ de pompes qu'il cultive devant la porte d'entrée, acceptez que cela n'arrivera pas, ramassez vous-même quelques paires, et allez les cacher sous son oreiller. Et voilà ! On y voit mieux dans l'entrée, et vous pouvez vaquer à vos occupations habituelles, et recommencer à haïr silencieusement d'autres trucs chez Matt.

Allez-y à fond : Vos pantalons sont trop petits ? Alors, vous avez le choix. Soit vous laissez votre ceinture vous limer la peau comme une râpe à fromage en attendant que la mode passe aux djellabas unisexes, soit vous vous motivez. Si vous optez pour la deuxième solution, vous pouvez (a) y aller à fond sur votre régime, (b) y aller à fond sur vos séances de muscu, ou (c) y aller à fond sur la refonte de votre garde-robe – et donc acheter de nouveaux pantalons. C'est vous qui voyez. Moi, les djellabas, j'y crois pas trop.

LA PLANIFICATION

En bonne pessimiste, je m'attends toujours au pire, y compris en vacances, ou lors d'événements divers et variés. Sur ce point, je ne changerai jamais. Donc le mieux que je puisse faire, c'est d'essayer de pallier, de façon préventive, d'éventuels dénouements indésirables.

Si votre verre est en tout état de cause bientôt vide, vous savez de quoi je parle. Et si vous êtes quelqu'un qui se laisse porter tranquillou, mais qui reste comme deux ronds de flanc à sourire bêtement quand ça tourne au vinaigre, alors peut-être (je dis bien peut-être) que vous pourriez un tout, tout petit peu réfléchir à vous préparer au pire plutôt que de rester à espérer que tout se passe bien. Par exemple :

Umbrella-ella-ella : Je ne comprendrai jamais ce qui passe par la tête d'une future mariée (ou de tout organisateur de soirée, professionnel ou personnel) quand elle compte sur Mère Nature pour bénir son mariage d'un soleil sans nuage. J'imagine que ça rentre dans la catégorie « vivre dangereusement », mais bordel, ça c'est du risque ! C'est carrément s'exposer au « mauvais présage ». Non, la pessimiste que je suis dit qu'il faut prévoir ce genre de coup du sort, ou au moins avoir un plan de secours en cas d'averse. Est-ce que mon mariage aurait été plus joli sous un ciel radieux ? Oui, et d'ailleurs, il n'a pas plu, mais ces tentes dressées dans la cour valaient les benzo qu'elles m'ont fait économiser.

Plan de secours, ça s'applique à autre chose qu'à la pluie. En réfléchissant à d'autres contingences, vous pouvez prévoir un parapluie métaphorique pour vous protéger de toutes les calamités qui pourraient compromettre votre événement ou vos vacances, comme :

Des défilés	→	Prévoyez un itinéraire de secours.
Des événements sportifs majeurs	→	Réservez vos chambres d'hôtel hyper à l'avance.
Des vents violents	→	Interdit aux chapeaux ou aux chiens miniatures.
Un mariage royal le même jour	→	Admettez votre défaite ; changez de date.
C'est la saison des sauterelles	→	Ne faites jamais cette erreur, jamais.

Est-ce que cela demande un peu plus d'énergie, de passer en revue tous ces plans B avant de réserver un week-end quelque part ? Oui, mais les pessimistes comprennent qu'une petite dépense préalable en temps et en efforts vaut mieux qu'un fiasco le jour J. Et n'importe quel optimiste qui se retrouve à essayer de bronzer en Jamaïque pendant la saison des ouragans éjectera sans doute assez vite son disque habituel du « T'inquièèète, man » pour le remplacer par un bon vieux « Eh mais pourquoi on n'a pas vérifié ça sur Google ? »

Après, si le dénouement malheureux ne se produit pas, alors il n'y a pas de regrets à avoir. Au moins, vous avez contrôlé la situation autant que vous pouviez le faire, et vous avez pu donc en profiter au maximum. Et vos compagnons de voyage optimistes peuvent s'abandonner à l'extase du je-te-l'avais-bien-dit, ce qui est assez marrant à voir, aussi.

L'astuce, quand on est pessimiste, c'est de ne pas consacrer trop de temps et d'énergie à – ou dans ma propre langue vernaculaire, de *s'en foutre au maximum de* – tout ce que vous ne *pouvez pas* contrôler. C'est utile, tout de même, de vérifier que votre période de vacances ne coïncide pas avec les pires événements climatiques que les régions qui vous tentent ont à offrir. Mais une fois que vous serez là-bas (hors saison des ouragans, donc), ne vous laissez pas obséder par la météo quotidienne. (En tout état de cause, vous avez déjà regardé quelles étaient les choses à faire en cas de mauvais temps, donc vous êtes couvert. Mais bon... c'est comme ça qu'avec mon mari, nous nous sommes retrouvés à visiter l'usine Heineken – jamais rien vu d'aussi chiant – lors de notre visite d'Amsterdam l'été dernier. Comme autre option « mauvais temps », on aurait pu choisir « ignorer la propagande touristique vers laquelle tout le monde fonce les yeux fermés et boire n'importe quelle autre bière dans n'importe quel autre bar de la ville ». Ça nous aura montré à quel point la Heineken est une bière immonde. Au moins, on aura appris un truc.)

LA PONCTUALITÉ

Et pour finir, les pessimistes sont plutôt du genre à être à l'heure, qu'il s'agisse de retrouver des amis ou de rendre un travail à temps. Même si nous avons tout un tas d'amis et de collègues responsables, nous restons convaincus que personne n'arrivera jamais à l'heure où on l'attend et ne fera jamais sa part du turbin. Nous sommes persuadés d'avoir à nous protéger en conséquence, et les deux premières astuces que je vous dévoile ci-dessous ne feraient pas de mal aux optimistes non plus. (Quant à la troisième, elle risque de les faire se sentir un peu visés.)

Quand on s'y prend tôt, on arrive à l'heure à la cantoche : Quand vous prenez rendez-vous chez le docteur, choisissez le premier créneau de sa journée, quand aucun retard n'a encore été pris à cause d'un patient à la bourre ou d'une épidémie de gastro. Pourquoi passer plus de temps que nécessaire dans une salle d'attente morose et infestée de germes ? Si ça continue vous allez le choper, ce streptocoque.

Attendez-vous à ce qu'il y ait du retard : Chaque fois que je dois me rendre quelque part, je *sais* qu'il y aura une voie fermée pour travaux, un problème technique dans le métro, un ascenseur hors service ou un troupeau de vaches sur la route, alors je m'accorde dès le départ dix ou vingt minutes de plus que le temps recommandé pour faire mon trajet. Vous vous dites que du coup, je suis toujours en avance, à me tourner les pouces jusqu'à ce que les autres arrivent nonchalamment sur le lieu de rendez-vous à l'heure dite. Raté. Je me retrouve en avance environ une fois sur deux. La moitié du temps, je suis la seule à ÊTRE À L'HEURE parce que personne d'autre n'avait pris en compte le facteur-bétail.

[NOTE : Le fait d'arriver en avance ne vous oblige pas à perdre votre temps à attendre les autres sans rien faire – ceci dit, le simple fait de se sentir supérieur *en attendant* est une joie en soi. Pour passer le temps, puis-je vous suggérer un bon livre qui vous explique à quel point vous êtes génial ?]

C'est l'heure de taper du poing sur la table : j'ai déjà longuement disserté sur ce que je pense des projets à faire en équipe, mais quand on n'a (vraiment) pas le choix, il devient indispensable de les finir à l'heure. Ne serait-ce que pour *mettre fin à tout ce merdier*. En tant que pessimiste, je sais que j'ai un sens aigu de l'urgence, que ne partagent pas la plupart de mes congénères. Je sais aussi que ma part du travail sera faite tôt. J'utiliserai donc le temps qu'il me reste pour VOUS pousser au cul, de sorte que vous en finissiez rapidement avec le budget et que Gary puisse entrer tout ça dans le tableau Excel et que Tina s'attaque au Powerpoint. Je m'occuperai aussi du cul de Gary et de celui de Tina, bien évidemment, donc ne le prenez pas pour vous. Je fais comme je le sens, et pour vous, c'est tout bénef : ça vous fait passer moins de temps avec moi. Tout le monde y trouve son compte.

« P » comme « po po po poker face »

C'est très bien de satisfaire vos tendances pessimistes en concevant méticuleusement des plans B, C et D, et même en leur accordant la petite récompense occasionnelle du *Je savais que c'était pas une bonne idée !* Mais prenez soin de ne pas crier trop fort et trop souvent que « S'il y a une chance pour que ça tourne mal, alors ça tournera mal », parce que les gens que vous aimez (surtout les optimistes) risquent d'en avoir vite ras-le-bol.

Ou, pire, de ne plus vous laisser organiser les vacances.

Et enfin, je vous suggère de ne pas laisser votre nature éminemment sensée et pratique vous convaincre de vous mêler des affaires des *autres*. S'ils ne s'inquiètent pas de ce qui pourrait mal tourner et que cela ne vous affecte pas, alors laissez-les faire leurs propres choix et potentiellement récolter leurs propres regrets, qu'ils soient d'ordre météorologique ou autre. Ne rien laisser paraître, donc, c'est votre nouveau mot d'ordre. Ou « po po po poker face ».

Pour ce qui est de laisser se tromper votre prochain – voir, à ce propos, le chapitre qui suit –, continuez de le traiter ainsi que vous aimeriez que l'on vous traite.

ÇA, TU LE REGRETTERAS*

* EH MAIS QU'EST-CE QUE TU EN SAIS?

Quand j'étais étudiante à la fac, il y avait quelque chose qu'on appelait l'Examen Général, un examen de huit heures réparties sur deux jours que l'on passait à la fin de la dernière année, et à l'issue duquel on savait si on obtenait notre diplôme, et avec quelle mention. Bien, Très Bien, etc. Des titres ronflants à la con.

Alors, disons que j'étais au courant, « dans les grandes lignes », de l'existence de cet examen, mais que je n'en connaissais pas les dates exactes.

Au début du deuxième semestre de ma dernière année – en janvier 2000 à peu près –, j'étais amoureuse d'un mec que je connaissais depuis moins de six mois, et j'avais environ onze dollars sur mon compte en banque, ayant généreusement dépensé les sous de mes jobs étudiants dans des bouquins, des cartouches d'imprimante, des burgers au parmesan, et une incroyable perruque rouge fluo que je possède encore aujourd'hui.

Un jour, ma mère m'a rendu visite, et pendant le déjeuner, je lui ai parlé de ce nouveau petit ami et de mon projet de l'accompagner à la Nouvelle-Orléans au printemps pour assister à un festival de musique, mais aussi de mon manque d'argent, et patati, et patata. Elle sortit de son sac une manne venue du ciel, un chèque d'anniversaire que ma grand-mère m'avait envoyé avec un peu de retard.

En me le donnant, elle m'a demandé si j'allais l'utiliser pour m'offrir le billet d'avion.

Je ne savais pas précisément si elle espérait que je puisse, grâce à ce chèque, réaliser mon rêve d'approcher Lenny Kravitz et de me gaver de sandwiches à la crevette aux côtés de l'homme dont j'étais certaine que je l'épouserais, ou si elle me testait pour voir si je me rendais compte que j'avais des dépenses plus urgentes. Quoi qu'il en soit, j'ai répondu sincèrement (« OUI !!! ») et j'ai réservé un vol non remboursable pour la Nouvelle-Orléans, pour le premier week-end de mai.

Et puis dans le courant du mois de mars, mes amis se sont mis à discuter des « Généraux », comme s'ils *se préparaient* jour et nuit à un examen dont j'avais à peine entendu parler en à peu près quatre ans d'études. Je n'y avais pas accordé la moindre pensée. Vraiment. Je ne saurais dire comment et pourquoi ça m'est passé au-dessus de la tête, mais j'ai été choquée – CHOQUÉE, je vous jure – quand j'ai appris que cet exam devait avoir lieu le même week-end que celui où j'étais censée me prélasser dans un océan de daïquiris et de langoustines grillées. Et de sexe, probablement.

Bon, ai-je pensé. *Je ne peux pas être à deux endroits en même temps. Et le billet d'avion n'est pas remboursable. Et puis j'ai vraiment envie d'aller au Festival de Jazz. Il y a peut-être une session de rattrapage... Mais oui, c'est sûr ! Il y a forcément d'autres gens qui se retrouvent avec des urgences ce jour-là, ou qui avaient autre chose de prévu...*

J'ai fouiné sur le site de l'UFR d'anglais et je n'ai rien trouvé qui aurait pu m'aider à me sortir de cette situation délicate, alors j'ai trouvé le nom et le numéro de ma conseillère (à qui je n'avais jamais parlé auparavant) pour lui expliquer la situation. « Bonjour Madame, j'ai bêtement réservé un billet d'avion pour la Nouvelle-Orléans le même jour que l'Examen Général avant d'en connaître les dates, je n'ai pas les moyens d'annuler ces billets, je veux vraiment faire ce voyage, alors est-ce que je pourrais passer l'examen à un autre moment, s'il vous plaît ? »

En un mot : non. (Apparemment, ces dates nous avaient été très clairement communiquées en tout début d'année scolaire, et peut-être qu'il y avait une session de rattrapage – je ne sais plus très bien – mais en tout cas pas pour moi, du fait que j'avais avoué très précisément les *raisons* pour lesquelles j'avais besoin de cette solution de secours.)

– D'accord, ai-je répondu. Alors, euh... qu'est-ce qui se passera si je n'y vais pas ?

– À la Nouvelle-Orléans ? m'a demandé ma conseillère.

– Non, à l'Examen Général. Qu'est-ce qui se passera si je ne le passe pas ? Est-ce que j'aurai tout de même mon diplôme ? Et une mention, le cas échéant ?

– Bien sûr que vous aurez votre diplôme, dit-elle d'un ton légèrement irrité. Et oui, vous aurez une mention de l'Université si votre moyenne le permet. Mais vous n'aurez pas de mention de l'*UFR*.

Elle m'a expliqué que cela ne ferait aucune différence sur mon diplôme que je passe cet examen ou pas, mais que si je voulais faire un doctorat, mon score au Général et ma réputation dans l'UFR compteraient.

– Oh, je vois.

Je n'avais aucune intention de m'inscrire en doctorat. Alors je lui ai répondu :

– Alors je pense que je ne vais pas le passer. Je ne serai pas pénalisée ?

– Non, techniquement, il n'y aura pas de pénalité. Mais vous voulez vraiment faire passer un voyage de loisir avant cet examen ? Je pense que ça, vous le regretterez.

– Très bien ! Eh bien, merci pour votre temps, je vais y réfléchir et je vous tiendrai au courant.

Deux mois plus tard, je convolais à la Nouvelle Orléans avec mon futur mari, alors je pense qu'on peut dire que toute cette histoire s'est plutôt bien finie. Et je n'ai pas de regrets.

Ah, sauf sur ce dernier daïquiri. La claque ! J'aurais pu m'en passer.

« Mais au fond de mon cœur, je sais que c'est le bon choix »

Dans « Tu changeras d'avis », nous avons discuté de ce qu'il se passe lorsque les gens vous disent que vous ne ferez jamais ce que vous êtes sur le point de faire. Nous voilà donc maintenant à aborder le sujet des gens qui vous disent comment vous vous sentirez UNE FOIS que vous l'aurez fait.

> **Vous voulez devenir sculpteur ?**
>
> Vous le regretterez [quand vous serez mourant, sans le sou, et parfaitement anonyme].
>
> **Vous voulez devenir vegan ?**
>
> Vous le regretterez [quand les gens cesseront de vous inviter à dîner].
>
> **Vous voulez rester célibataire toute votre vie ?**
>
> Vous le regretterez [quand vous serez encore sur Tinder à soixante-quinze ans].

Ces deux attitudes sont aussi condescendantes l'une que l'autre, youpi ! Elles le sont différemment, mais procèdent du même mécanisme : **vous faites des choix que certaines personnes ne veulent pas que vous fassiez ou ne comprennent pas**. Vos chois, ces personnes les voient comme fondamentalement MAUVAIS, même s'ils sont BONS pour vous. Souvent, cela signifie qu'ils projettent sur vous leur propre *opinion subjective*. (voir : « Vous voulez devenir sculpteur ? ») Alors, ce n'est pas marrant à supporter, mais vous pouvez apprendre à reconnaître ce phénomène et à composer avec, plutôt que de vous laisser harceler au point de céder aux **regrets préventifs**.

Cependant, il est important de noter la différence entre **OBJECTIVEMENT MAUVAIS, jugement procédant de la morale, de l'éthique et de la loi,** et **SUBJECTIVEMENT MAUVAIS, ce dernier n'étant qu'affaire d'opinions personnelles.** Par exemple, ce n'est pas parce que je vous fais manger du « Fais comme tu le sens » à toutes les sauces que je vous encourage à devenir un connard ou un psychopathe (ou un ventriloque – vraiment trop chelou). **Si vous faites un choix OBJECTIVEMENT MAUVAIS – que vous blessez ou exploitez quelqu'un d'autre, ou que vous enfreignez la loi –, il faut que vous passiez en jugement pour ces agissements**. Dans des cas de ce type, « mauvais » est un fait, pas une opinion. Alors si vous escroquez des mecs tristes et poilus ou si vous jetez votre bouteille de Sprite vide dans le parc, arrêtez.

(Jeter ses déchets dans la nature vous vaudra une belle amende ainsi que mon mépris éternel.)

Et puis il y a des choix qui ne sont peut-être pas illégaux ni immoraux, mais qui demeurent, malgré tout, OBJECTIVEMENT MAUVAIS. Comme quand vous vous trompez d'itinéraire. Ce n'est pas très grave, mais il faut redresser le tir, ensuite – tournez à droite sur les trois prochains carrefours, puis à gauche, et ça devrait le faire. Si vous voyez que votre pote est sur le point de se planter de chemin, il est sans doute *préférable* que vous l'en informiez. Si vous voyez que votre ennemi est sur le point de se tromper, vous aurez peut-être envie de la boucler et de vous réjouir du fait qu'il ait rallongé son itinéraire d'une bonne quarantaine de minutes. La balle est dans votre camp.

SUBJECTIVEMENT MAUVAIS s'applique davantage aux tatouages dans le cou. Donc quand il s'agit de dissuader un ami (ou un ennemi) de prendre des décisions de ce genre, je pense que nous devrions y aller mollo. Quiconque envisage de se faire tatouer dans le cou ne sera pas satisfait tant qu'il ne sera pas passé à l'acte, et s'il s'avère qu'il le regrette, il n'aura pas besoin d'un autre rappel permanent de son mauvais choix, sous la forme du bon vieux « je te l'avais bien dit ».

Enfin, nous avons les **ERREURS DE BONNE FOI**, qui sont à mi-chemin entre les deux. En général, la personne qui vous met en garde contre un choix de ce genre pose sa propre opinion sur la table du débat (comme pour le tatouage dans le cou), mais a aussi de bonnes raisons objectives de penser qu'il y a peu de chances pour que votre idée soit bonne. C'est gentil de leur part, de vous mettre en garde. Mais parfois, il faut faire ses propres erreurs pour en retirer soi-même les leçons qui s'imposent. Ça me rappelle quand, petite, j'étais chez mes grands-parents, et que j'ai pensé que ce serait une super idée de glisser sur la rampe de leur escalier. Mon grand-père m'avait interdit de le faire. Je me suis donc retrouvée coincée sur la boule d'escalier, et il a fallu que mon grand-père vienne à ma rescousse – et me punisse – pour que j'en retire un enseignement.

Il avait eu raison de me prévenir. J'avais eu tort de croire que j'en savais plus que lui sur les rampes et sur les lois de la physique.

En bref : si quelqu'un vous dit que vous êtes sur le point de faire un « mauvais » choix et que vous « le regretterez », demandez-vous, avant de laisser un tel jugement vous empêcher de glisser sur la rampe de la vie, si cette personne vous parle **de manière OBJECTIVE ou SUBJECTIVE**.

Sauf que, vu le dénouement de mon histoire de rampe, ce n'est pas la meilleure analogie possible. Disons plutôt : « avant de laisser cette personne vous empêcher de faire vos propres erreurs et/ou de vivre votre vie ainsi que vous l'entendez, demandez-vous si elle vous parle **de manière OBJECTIVE ou SUBJECTIVE** ». Là, c'est mieux.

TU DEVRAIS ESSAYER !

Si d'un côté, nous avons cette mise en garde agressive contre quelque chose que nous avons envie de faire, il existe à l'opposé un autre phénomène au moins aussi agaçant : l'incitation agressive à faire quelque chose que nous n'avons pas envie de faire. Combien de fois encore faudra-t-il que j'explique que je n'aime pas les sushis avant qu'on ne l'accepte, et combien de temps faudra-t-il à la personne en face de moi pour s'en remettre et passer à autre chose ? JE SAIS QUE BEAUCOUP DE GENS AIMENT LES SUSHIS. POUR MOI, ÇA SENT PAREIL QUE LES CHAUSSETTES D'UN DOCKER. Vous passez vos journées à déclamer les monologues les plus enthousiastes sur ce que vous préférez dans la vie, mais si vous voulez être un bon citoyen du monde, arrêtez s'il vous plaît d'insister pour que tous les gens que vous rencontrez essayent les huîtres, le pot neti ou le sexe anal.

L'erreur ne fait pas le regret

Je vais me faire l'avocat du diable, un instant. Disons que vous ayez pris une « mauvaise » décision, « mauvaise » au sens où elle n'a pas entraîné pour vous le résultat escompté. Cela ne signifie pas pour autant que vous devez le regretter. C'est lourd, le regret, ça pèse sur l'esprit. Il y a des gens qui écrivent des *sonnets* sur le regret.

Alors, j'admets que si un ancien boxeur professionnel souffrant d'une maladie neurodégénérative (liée aux commotions cérébrales qu'il a subies) venait me prévenir que je regretterais de passer quinze ans à me faire péter la gueule parce que c'est mauvais pour la santé, je le remercierais pour ses précieux conseils a posteriori, que j'écouterais avec beaucoup d'attention. Et si je décidais tout de même de me lancer dans la boxe, pour me retrouver avec la même maladie neurodégénérative (liée aux commotions cérébrales que j'aurais subies), alors je pourrais en conclure que j'ai fait le mauvais choix, et le regretter.

Ah, oui, et il y a aussi cette histoire de restes de poulet tandoori dans mon frigo.

Mais il y a un juste milieu dans cette histoire, on peut même dire qu'il est vaste, ce juste milieu. On y trouve par exemple *Oups, ça, je ne le ferai plus !* ou encore *Bon, c'était un fiasco. Je passe à autre chose.* Par exemple, je ne dirais pas que j'ai « regretté » d'avoir mis de la choucroute sur mon hot dog le 4 février 2005, mais en tout état de cause, ce n'était pas le bon choix, et aujourd'hui, je ne ferais plus la même erreur.

LE REGRET VENU DE L'ESPACE

Dans le cadre de ma fameuse étude, j'ai demandé aux gens de me parler d'un choix qu'ils avaient fait, un choix dont on leur avait dit qu'ils regretteraient, mais qu'ils n'ont pas regretté le moins du monde. J'ai reçu toutes sortes de réponses, de « avoir épousé/pas épousé mon partenaire » à « arrêter l'école pour partir vivre à l'étranger », en passant par le non-regret de niche « ne pas aller à Calgary, au Canada, avec ma fanfare après avoir obtenu mon bac ». Je ne sais pas qui tu es, toi, le marginal, mais comme j'ai moi-même exigé d'être épargnée des festivités post-bac de mon lycée (une soirée bowling/pyjama organisée par les parents d'élèves pour empêcher leurs enfants de sortir se bourrer la gueule), je te comprends. Tout ce que je voulais, c'était rentrer chez moi et dormir, pas me torcher à la Corona – mais les chaperons n'en revenaient pas, et ça les soûlait que je ne vienne pas. Mais ils m'ont laissée libre de mon choix. (Est-ce que j'ai déjà expliqué que l'amusement social obligatoire, c'est pas mon truc ? Et que je suis « casse-couilles » ?).

IL FAUT FAIRE SES PROPRES ERREURS ET LES ASSUMER

L'autre versant de « il faut s'accepter et agir avec confiance en soi », c'est « il faut agir avec confiance en soi et en accepter les conséquences.»* Pour se sentir confiant quand on prend des décisions, il faut savoir garder confiance en soi quand on en prend quelques-unes de mauvaises. Parce que CELA VOUS ARRIVERA. **Et quand vous prendrez une mauvaise décision, il ne faudra pas laisser vos regrets vous mettre sur la touche pour le restant de votre vie.**

Plus important : ne vous laissez pas paralyser par les regrets préventifs – qui vous sont imposés par un devin autoproclamé qui, en réalité, n'a pas le moindre retour sur expérience sur lequel s'appuyer.**

* Les lecteurs attentifs remarqueront que ce conseil renvoie aux cinq leçons pour ne pas devenir un psychopathe (à la troisième, plus précisément).

** Encore une fois, attardons-nous un instant sur l'ironie d'une femme dont vous avez clairement acheté le livre à la recherche de conseils, et qui vous dit, dans ce même livre, de ne pas suivre les conseils des gens. Le monde fonctionne de façon bien mystérieuse.

La plupart du temps, vous devez vous-même tenter le coup, pour voir comment l'aventure se termine. Si ladite aventure ne se termine pas exactement comme vous l'auriez voulu, vous pouvez toujours reconfigurer tout ça – ce dont nous avions déjà discuté dans le dernier chapitre de la Deuxième Partie, sur la prise de risques. Vous vous rappelez ?

Ce livre, c'est la preuve (en forme de – gentil – serpent qui se mord la queue) que « faire comme vous le sentez », c'est surtout « oser faire ». Ou « juste le faire* ».

Est-ce une bonne ou une mauvaise idée ?

Vous n'en saurez rien tant que vous n'aurez pas suffisamment confiance en vous pour le découvrir en prenant les risques qui s'imposent.

Si vous regrettez votre décision, alors acceptez-en les conséquences, retenez bien la leçon, et recommencez à zéro.

Avec confiance en vous.

* Toute ressemblance avec le slogan d'une célèbre marque de sport serait fortuite.

TU NE TROUVERAS JAMAIS UN BON BOULOT SI TU NE VAS PAS À LA FAC*

* COMMENT RÉUSSIR À RÉUSSIR SANS VRAIMENT S'EN FAIRE DE L'AVIS DES AUTRES.

Ce chapitre s'adresse à quiconque est, a été ou sera un jour tenté de laisser les définitions que les autres se font de la réussite déterminer le cours de leur vie. Le titre n'est pas à prendre au sens littéral (en tout cas pas par tout le monde, systématiquement), mais c'est une métaphore utile de la manière dont la société porte des jugements arbitraires sur **ce qui constitue la réussite et sur la manière dont on est censé y parvenir**.

Pour ma part, je trouve que la métaphore est bonne. Je vous laisse libre de votre avis sur la question. (C'est l'idée, en gros.)

La réussite n'est pas un vêtement taille unique

Votre « bon boulot » métaphorique peut être n'importe quel accomplissement professionnel ou personnel. Et votre « diplôme de la fac » métaphorique peut être évidemment un document qui attire l'œil de votre futur employeur, mais il peut aussi être un stage dans un festival de théâtre qui vous conduit vers cinq nominations aux Oscars et vers un compte courant à 350 millions. Tom Hanks n'a jamais reçu son diplôme de la fac de Sacramento, et il a l'air d'aller bien.

Si pour vous, la réussite, c'est l'accumulation de richesses, vous pourriez effectivement atteindre cet objectif en trouvant un « bon » boulot (si « bon » signifie « bien payé »). Vous pouvez aussi atteindre cet objectif en mettant scrupuleusement des sous de côté, en devenant un pro du black jack, en faisant des investissements malins, ou en faisant un bon mariage. (Quoi ? C'est une option.)

Mais encore une fois, la richesse à elle seule n'est peut-être pas ce qui représente la réussite dans votre esprit. Peut-être que pour vous, la réussite, c'est ce que vous *faites* de votre argent. Peut-être que pour vous, la réussite, c'est d'envoyer vos enfants à la fac ou de sortir de la dette. Peut-être que pour vous, c'est avoir assez d'apport pour acheter une maison, ou envoyer vos parents en croisière pour leurs cinquante ans de mariage. Et c'est peut-être quand vous prendrez toute cette thune et que vous la donnerez à une cause humanitaire que vous vous sentirez dans la peau de quelqu'un qui a « réussi ».

À vous de voir ce qui vous donne envie d'être à l'heure sur le pont, moussaillon !

Ou peut-être que pendant que d'autres prennent métaphoriquement la mer pour aller chercher un trésor enfoui, vous faites un voyage d'un genre tout autre. Comme la personne qui a répondu ceci à mon sondage en ligne : « Pour moi, la définition de la réussite, c'est d'avoir de la flexibilité dans ma vie, **justement *parce que* je ne mesure pas la réussite à l'aune d'un emplacement sur l'échelle carriériste ou d'un chiffre sur un relevé bancaire. »**

C'est beau. Peut-être que vous aussi, vous raisonnez comme ça.

Peut-être que vous jonglez difficilement entre les factures mais que vous vous sentez dans la peau de quelqu'un qui a réussi parce que vous avez créé la vie de famille stable dont vous avez toujours rêvé. Ou peut-être que vous avez réussi quelque chose de plus éphémère – comme faire l'ascension d'une haute montagne, remporter une élection, ou parvenir à vous retenir de vous pisser dessus pendant ces cinq heures de bus sans pause. Ce dernier critère était celui que j'utilisais pour mesurer ma réussite un week-end sur deux pendant ma dernière année à la fac.

Et si votre objectif, c'est juste de passer une journée sans pleurer, je remarque qu'il est minuit moins une et que vos yeux sont aussi secs qu'un jour sans pain alors FÉLICITATIONS, BORDEL ! Vous avez réussi.

En résumé, la réussite, c'est atteindre un objectif (n'importe lequel) que vous vous êtes fixé.

AUTRES RÉUSSITES POTENTIELLES

- Être doué pour l'écoute
- Avoir un mariage solide
- Faire rire les autres
- Avoir arrêté l'alcool
- Élever des enfants de qualité
- Être un bon leader de quartier
- Ne pas être un psychopathe
- Laisser derrière vous un monde plus propre, plus sécurisé, plus joyeux
- Rester en vie

Trouver votre chemin fonctionne un peu comme l'utilisation de Google Maps. Vous entrez une destination, l'application vous montre plusieurs manières d'y parvenir, et vous choisissez celle qui vous semble vous correspondre le mieux : chemin moins fréquenté, moins cher, plus beau... à vous de voir. La réussite, c'est d'arriver au lieu où vous cherchiez à aller.

En filant la métaphore, ce n'est pas parce que vous n'avez pas choisi telle ou telle destination que vous n'avez pas « réussi », quelle que soit la popularité de ladite destination auprès de votre entourage. (J'attire à ce propos votre attention sur le mauvais choix de la visite de l'usine Heineken.)

- Si vous n'avez pas choisi pour objectif d'obtenir un bon boulot – ou si la qualité, toute relative, de votre taf n'est pas la manière dont vous mesurez la réussite – alors j'imagine que vous appréciez aussi BEAUCOUP vos nuits et vos week-ends. Youhouuu !

- Si vous n'avez pas pour objectif d'aller à la fac, vous avez vos raisons – et vous économiserez un emprunt étudiant que d'autres mettent des années à rembourser.

- Si vous n'avez pas pour objectif de gagner plein d'argent, ou de vous marier, ou d'acquérir une maison, alors le fait de ne pas posséder ou faire ces choses ne doit pas vous stresser. Laissez les autres se dépêtrer de leurs feuilles d'impôts incompréhensibles, de l'organisation de leur mariage, et de leurs mensualités sans fin. Vous, vous faites comme vous le sentez, et eux, ils font de l'hyperventilation.

VOUS AVEZ GAGNÉ UN BON POINT

Quiconque a lu mes autres livres sait que j'adore me récompenser pour bonne conduite. Parce que si vous attendez que les autres vous récompensent ou vous félicitent, vous risquez d'attendre longtemps, seul, debout comme un con au milieu de la pièce. Pour cette raison, ce livre inclut, sans surcoût, une liste de dix façons de commémorer et célébrer vos propres réussites (avec différents degrés de difficulté et d'efforts) quand personne ne le fera à votre place.

Les voici donc. Vous pourriez vous coller une mine, danser la gigue, voyager en première, hurler à la lune, vous allumer un cigare, mater à la suite dix épisodes de Broad City, vous faire un bain de pieds, vous offrir un cornet de pop corn XXL, aller faire un tour chez Michael Kors, ou dire « Booyah ! » très fort, comme Al Pacino.

Personnellement, je me suis accordé neuf de ces récompenses.

Je fais ce que je veux avec mes cheveux

Quand j'avais dix ans, chaque fois que quelqu'un demandait ce que je voulais faire quand je serais grande, je répondais, résolue et sûre de mon coup : coiffeuse.

Ma tante m'emmenait avec elle quand elle allait chez le coiffeur, dans un salon cossu qui n'avait rien à faire dans cette région pas cossue du tout où nous vivions. Pendant des heures, je regardais les clients se faire faire des décolorations, des colorations, des mèches, des reflets argent. Ils entraient avec de tristes pointes fourchues et ressortaient avec les carrés asymétriques et les crêtes roses dont les années 1980 étaient si friandes. Je me disais que c'était sans doute un peu comme ça, dans les coulisses de MTV. La coiffeuse de ma tante, Lina, était la nana la plus cool que j'avais jamais rencontrée – et aujourd'hui encore, elle figure dans mon Top 10. Un jour, elle a posé un trait de coloration semi-permanente violette sur mes cheveux bruns. Ça se voyait à peine, mais quand je suis arrivée à l'école le lundi suivant, j'avais l'impression d'être Cyndi Lauper.

Autrement dit, je suis tombée dedans quand j'étais petite. Depuis, j'ai eu les cheveux noir de jais, bordeaux, rouge vif, blond peroxydé, Mrs. Mia Wallace de *Pulp Fiction*, et Mia Farrow dans *Rosemary's Baby*. Beaucoup de stylistes capillaires de Nouvelle-Angleterre, de New York et de République dominicaine ont connu intimement ma carte bancaire.

Mais un jour, quand j'avais douze ou treize ans, une amie de mes parents m'a posé cette innocente question sur mes plans de carrière, et la réponse ne lui a pas plu du tout. C'était comme si je lui avais dit que je voulais devenir tricheuse au poker ou fétichiste du pied. Elle m'a encouragée à réfléchir sérieusement à ce que je pouvais faire de « plus » avec ma vie, que des pointes argentées et des trips psyché à cause des vapeurs chimiques des permanentes.

« Tu ne veux pas aller à la fac ? » m'a-t-elle demandé.

Je crois bien me rappeler qu'à l'époque, je ne savais pas s'il fallait aller à la fac pour devenir coiffeuse. Je n'y avais pas vraiment réfléchi. Je n'étais sans doute pas *fermée* à cette idée-là – je savais de source sûre qu'à la fac, on pouvait se coucher à l'heure qu'on voulait et aller chasser son dîner soi-même, dans un distributeur automatique. Mais la raison pour laquelle je n'y avais pas réfléchi, c'était que « ce que je voulais devenir » ne me semblait pas dépendre de « comment y parvenir ».

Je voulais juste faire des coiffures.

Ce n'est pas que je ne comprends pas pourquoi cette femme a réagi de cette façon. Mais sa désapprobation spontanée d'un futur que j'avais joyeusement imaginé pour moi-même, c'était comme une coupure au lobe d'oreille avec le plus petit sabot de la tondeuse – le sabot militaire. Ça pique. Et cette sensation est restée bien ancrée en moi. J'ai commencé à penser que ce n'était pas « bien » que je devienne coiffeuse, comme Linda. Que je décevrais beaucoup de gens si je choisissais la camaraderie excentrique d'un salon de coiffure plutôt que, par exemple, la rigueur intellectuelle solitaire des études supérieures.

Petit à petit, l'idée de devenir coiffeuse s'est estompée, comme un ombré parfait, et je me suis orientée vers le monde universitaire – en pensant que je ferais un master, un doctorat, et que je deviendrais enseignante. Allez, essaye encore ! (Comme vous le savez déjà, à l'Examen Général, j'avais changé d'avis depuis longtemps.) Quelques faux départs – un plan pour profiter du boom de l'Internet qui n'a rien donné, six mois à gagner le SMIC dans une librairie, et une petite période à faire hôtesse d'accueil pour VIP à Broadway* –, et j'ai trouvé ma voie en devanant éditrice. Quinze ans plus tard, j'ai quitté la grosse boîte dans laquelle je travaillais pour me me mettre à mon compte, et plus récemment, je suis devenue une auteure connue principalement parce que les mots qu'elle emploie « ne peuvent pas être imprimés dans le *New York Times* ».

Ce que je veux dire, c'est qu'en 1991, personne n'avait la moindre idée de ce que je deviendrais en grandissant, alors pourquoi était-ce si important pour l'amie de mes parents, au point qu'elle essaye de me dissuader de m'engager dans une voie qui, à l'époque, m'intéressait énormément ?

Clairement, elle pensait qu'elle me faisait une faveur – tout comme les gens qui me disent que je regretterai de ne pas avoir d'enfants pensent qu'ils font ça pour mon bien, pour me sauver de moi-même.

Mais la plupart d'entre nous n'avons pas besoin d'être sauvés.

---

* Il y a certaines choses dont l'image ne s'efface jamais, et le cameltoe de Liza Minnelli en fait partie.

Nous avons juste besoin de la permission d'être nous-mêmes, de prendre nos propres décisions, de faire nos propres erreurs, et de nous réjouir de nos propres réussites (quel que soit le sens que nous donnons à ce mot).

Il est temps de vous donner l'autorisation à vous-même. Parce que vivre sa vie selon la manière dont machin et machine définissent la réussite, c'est comme suivre les rêves des autres, craindre ce que craignent les autres sans se poser de questions, prendre les mêmes risques que les autres et s'approprier leurs regrets. Personne n'a rien à y gagner.

Et au bout du compte, qui est la seule personne qui *souffre*, quand vous sculptez votre vie sur le modèle des attentes d'autrui ?

VOUS.

Tenez bon.

ÇA TE SUIVRA TOUTE TA VIE*

* NON. SOIS TOI-MÊME, AFFICHE-TOI DANS TOUTE TA BIZARRERIE. OSE.

Il n'est pas impossible que j'aie un rapport étrange aux cônes orange de circulation.

J'ai en ma possession plus d'une photo de moi affublée d'un de ces cônes sur la tête. L'une d'elles date du Nouvel An 2012. Avec des amis, nous rentrions d'une soirée à Brooklyn et je me suis retrouvée à la traîne parce que j'étais concentrée sur mon projet : choper un de ces cônes, le mettre sur ma tête, et crier pour que quelqu'un se retourne et prenne une photo. Le cône me tombait sur le visage, et en voyant la scène, mon mari a dit : « T'es au courant que des chiens ont pissé là-dessus, non ? »

Qu'est-ce que vous voulez que je vous dise ? Je prends mon art très au sérieux.

Je suis aussi très férue d'une activité que j'appelle « les cabrioles ». De temps en temps, je ressens le besoin de sautiller – sur le trottoir, sur la plage, dans le jardin de quelqu'un d'autre (d'aucuns parleraient de violation de propriété) – pour m'offrir ma propre fête dansante. Une bonne séance de cabrioles évacue la tristesse, comme pourrait le dire un coach *new age*, et en plus, c'est une séance de sport à faible impact mais fort agréable.*

* Jusqu'ici, mon mari m'a empêchée d'aller cabrioler sur le plateau de la version turque de Survivor (version US de Koh Lanta, N.d.T.), tournée dans la ville où nous vivons en République dominicaine. Un jour, j'arriverai à le convaincre (et à convaincre les gardes armés qui surveillent le secteur) de me laisser au moins m'incruster derrière une statuette d'immunité.

J'ai « emprunté » un dauphin gonflable dans le magasin de souvenirs d'un hôtel pour « danser » avec lui sur l'air de « Feel So Close » de Calvin Harris, devant toute une foule rassemblée pour une œuvre de charité. J'ai essayé (sans succès) de me hisser en haut d'un palmier pour impressionner une petite fille de trois ans. Un jour, j'ai joué la Luxure dans le cortège d'Halloween de mes amis sur le thème des Sept Péchés Capitaux, et pour bien rentrer dans le personnage, j'ai mangé les raisins qui pendaient sur les seins de la fille qui jouait la Gourmandise. J'ai des preuves en photo et en vidéo de chacun de ces faits d'armes, et de tous ceux dont je ne vous parle pas ici.

Tout cela, j'ai choisi de le faire, en sachant parfaitement que cela pouvait sembler bizarre, ou se retourner un jour contre moi au tribunal de YouTube. Parfois, c'est parce que je suis pompette. Bon, OK, souvent. Mais c'est aussi que je n'ai pas peur d'assumer ma bizarrerie, parce que c'est marrant, c'est drôle, et que c'est qui je suis. C'est mon côté pile, le côté face étant cette perfectionniste qui se soigne et qui a tendance à tout prendre trop au sérieux. En plus, comme vous l'avez sans doute déduit de tout ce que j'ai pu vous raconter sur mon adolescence assez inhibée et dominée par l'envie de plaire aux gens et de me conformer à leurs normes, j'ai beaucoup de temps à rattraper.

Vous aussi, peut-être...?

Roi des dingos, empereur de la gaffe

À ce stade du récit, nous avons parlé des choix de vie peu conventionnels, du risque, de la peur et du regret. Et dans la Quatrième Partie, nous pénétreront dans le taillis épineux des relations familiales, de l'apparence physique et de la santé mentale. Donc je me dis que c'est le bon moment pour s'offrir un petit trou normand de l'esprit, et passer le dernier chapitre de la Troisième Partie à **se mettre enfin à l'aise dans sa propre folie douce**.

Étrange. Original. Excentrique. Et tout le tremblement. S'afficher dans toute sa bizarrerie, laisser le tigre sortir de sa cage. Devenir le roi des dingos, l'empereur de la gaffe.

QUI EN A MARRE DE FAIRE SEMBLANT ? !?

(Vous gagnez des points de bonus si vous venez de crier « Moi ! » dans une salle d'attente pleine ou dans les transports en commun.)

Super. D'abord, quelques paramètres :

- La bonne vieille bizarrerie du quotidien se distingue des « choix de vie non conventionnels ». En effet, il s'agit d'actes peu conformes et témoignant d'une excentrique folie douce, mais discrets. Tandis que pour ce qui est des choix de vie non conventionnels, ils se caractérisent par des trajectoires totalement inhabituelles et impopulaires, que ce soit vis-à-vis de la carrière professionnelle, de la vie de famille – que vous ayez envie de devenir Monsieur Muscle ou de vivre dans une maison minuscule.

- Cependant, les deux sont des choix. Quand je dis que quelqu'un « est un peu foufou », ce que je veux dire, c'est qu'il fait le choix actif et conscient d'être, de faire et/ou de dire des choses étranges, qui sortent du moule des normes sociales établies. Je ne dis pas que ces normes sont toujours rationnelles ou justifiées : ce que je dis, c'est que nous savons tous qu'elles existent. Parmi elles : ne pas parler de soi à la troisième personne, ne pas arriver déguisé à une fête non costumée, ne pas poser sur sa tête des outils de signalétique communément disposés à l'abord des chantiers, etc.

- Enfin, je vois le fait « d'être foufou » comme un comportement qui ne fait de mal à personne. Comme ce mec sur le quai du métro qui danse le tango avec une poupée à taille humaine attachée par des scratchs à ses poignets et à ses chevilles. Être foufou n'est pas incompatible avec le respect des clauses non négociables du contrat social, celles que j'ai décrites dans la première partie (comme celle d'enfiler un vêtement avant d'aller ouvrir la porte quand la sonnette retentit). Il n'y a pas de raison morale, éthique ou légale de ne pas être foufou. Il n'y a que Jugien de la Jugeance, qui attend le faux pas pour se moquer de vous. (Et honnêtement, je ne serais pas surprise que Jugien parle de lui-même à la troisième personne.)

Ces règles de base maintenant établies, je proclame notre droit, en tant que société, de célébrer la bizarrerie sous toutes ses formes, et par la même occasion, je déclare ce droit comme étant inaliénable, tout comme le droit à la vie, à la liberté et à la poursuite du bonheur*.

C'est ça que je veux dire, quand je vous exhorte à faire comme vous le sentez !

Si tout le monde, sur cette terre, répondait aux actes foufous avec acceptation et encouragement, on rigolerait tous beaucoup plus, avec supplément de confiance en soi. (Et rien ne vous oblige à être vous-même bizarre si vous n'en avez pas envie, mais vous pouvez vous montrer tolérant envers les autres et en retirer de l'amusement gratuit. C'est quoi votre problème avec la fantaisie ?)

---

* Ou pour les Canadiens qui nous lisent : le droit de se sentir supérieur aux Américains grâce à votre sécurité sociale nationalisée et le visage de minet de votre Président sans peur et sans reproche.

Personnellement, j'ai la chance de compter parmi mes amis tout un tas de foufous bizarres qui m'ont accueillie dans leur vie et ont nourri ma tendance aux cabrioles. Si vous êtes l'un d'entre nous, je veux que vous soyez assuré que :

Vous êtes génial, et il n'y a rien qui cloche chez vous.

Si vous n'êtes pas l'un d'entre nous, sachez que :

Vous pourriez le devenir.

Verser dans la bizarrerie

Le reste de ce chapitre se divise en trois parties.

La première s'adresse aux personnes qui considèrent d'ores et déjà qu'elles sont bizarres, et sont venues ici chercher la validation et des accolades spirituelles ;

La seconde est pour les gens qui affichent déjà un peu leur bizarrerie, mais pas trop – ils ont une propension à la fantaisie mais ont besoin d'aide pour tenir bon face aux pressions de la ravaler ;

Et la troisième est pour celles et ceux qui sont curieux des phénomènes que nous sommes... et qui se demandent peut-être comment devenir comme nous.

LA BIZARRERIE EN ÉTENDARD

Certaines personnes n'ont aucun complexe vis-à-vis de leur bizarrerie. Mon copain Bryan, par exemple, porte systématiquement un bandeau en tissu éponge, et s'exprime souvent à coups de koans Zen. Mon pote Steve est ceinture marron d'humour scatologique. Et à la fac, une de mes professeures se présentait aux gens puis mimait leurs signes du zodiaque respectifs dans une danse d'interprétation.

Si vous êtes bizarre, que vous le savez, et que vous faites comme vous le sentez jour après jour, il doit y avoir une raison derrière votre acharnement face aux pressions sociales qui veulent vous réduire à la norme. Il est possible que vous évoluiez dans un environnement particulièrement tolérant (peut-être parmi les forains, ou les instits de maternelle). Il est possible que vous ayez lu mon premier livre et n'en ayez plus rien à foutre de ce que pensent les autres. Ou peut-être qu'en plus d'être bizarre, vous disposez déjà d'une exceptionnelle confiance en vous (et en votre bizarrerie). Quoi qu'il en soit, vous n'avez pas besoin de ma validation. Acceptez plutôt ce dessin d'un cône de circulation portant lui-même un cône sur sa tête. C'est mon cadeau pour vous :

VOUS ÊTES PEUT-ÊTRE DÉJÀ BIZARRE...

Si vous considérez que chaque mercredi est une opportunité de porter une cravate blanche et une queue-de-pie.

Si vous parlez aux animaux et formulez leur réponse à leur place avec une voix rigolote.

Si vous avez trouvé sympa tous les mordus de clownerie que vous avez rencontrés.

Si vous avez mille problèmes, mais pas la moindre lacune grammaticale en klingon.

Si vous préférez les doritos Cool Ranch aux Nachos au fromage fondu. (Dans ce cas, vous n'êtes pas seulement bizarre, vous êtes en plus un communiste.)

LA BIZARRERIE TIMIDE

Et puis il y a les gens qui savent qu'ils sont bizarres et l'exhibent parfois, mais qui, ensuite, se sentent jugés et critiqués. Si vous vous reconnaissez dans ce portait, **vous vivez dans un purgatoire : vous êtes vous-même, mais sans en retirer les sentiments positifs que cela implique normalement.** À mon humble avis, ce cycle de gêne-honte-refoulement est bien pire que les moqueries occasionnelles ou le regard crado d'un inconnu.

Et si on faisait un peu de rénovation mentale pour briser ce cercle vicieux ?

> Étape 1 : Identifiez vos « défauts ».
>
> Étape 2 : Donnez un coup de peinture au regard que vous leur portez et à la manière dont vous les vivez.

Si votre « défaut » est un penchant pour les tenues excentriques et pour le maquillage complexe, eh bien cela n'a pas empêché les musiciens de Kiss de faire carrière ! Au lieu de traiter vos vêtements ou vos mascaras préférés comme l'encens que vous n'allumez que lorsque vous vous sentez d'humeur folâtre, vous pourriez commencer dès aujourd'hui à brûler ce bâton de bois de santal tous les jours, du matin au soir. Les gens finiront bien par s'y habituer. Peut-être même qu'ils finiront par vouloir sentir la même odeur que vous.

Ou peut-être que votre sens de l'humour peut être déstabilisant, comme le portrait d'un clown maléfique affiché dans vos toilettes – peut l'être pour des invités qui ne s'y attendaient pas. Rien ne vous oblige à le remplacer par une jolie affiche publicitaire des années cinquante, mais vous pouvez toujours déplacer votre truc dans votre sous-sol aménagé en salle de jeux, où ne viennent que vos amis les plus marrants, qui seront aussi sans doute plus détendus et réceptifs à votre humour. Disons juste que j'ai été l'énonciatrice de blagues qui n'ont pas trouvé leur public, et que j'ai appris, par conséquent, à réserver mes blagues sur les perruques pubiennes aux gens dont je sais qu'ils connaissent bien les problématiques de la prostitution et des morpions au quinzième siècle. Avec eux, c'est le fou rire assuré.

Si vous rénovez un peu votre intérieur mental, il vous sera plus facile et plus agréable d'avancer dans la vie – et il sera aussi plus facile aux gens qui vous entourent d'évoluer dedans.

LA BIZARRERIE INCOGNITA

Disons enfin que vous ne vous considérez pas comme quelqu'un de bizarre, mais plutôt comme un curieux de la bizarrerie. J'aimerais pouvoir vous aider dans votre découverte de vous-même. Pour commencer, voici trois astuces faciles pour vous lâcher la bride et canaliser votre foufou intérieur.

Faites comme si vous aviez deux ans

La dernière fois que vous n'en aviez rien à faire de ce que les gens pensaient de vous, c'est sans doute quand vous portiez encore des couches, pas vrai ? Les tout petits enfants sont béatement inconscients des quantités de jugements que la société est capable de débiter à la seconde. Ils inventent des chansons, portent des bijoux en cure-pipes, et parlent à des objets inanimés (et je ne parle même pas de leur tendance à la cabriole).

EXERCICE : Prenez un cours de bizarrerie intensive en suivant un enfant de deux ans pendant quelques heures et en faisant tout exactement comme lui. Montrez un oiseau du doigt en faisant des bruits de cochon, portez un seau sur votre tête et faites d'un râteau en plastique votre sceptre royal. Riez comme un fou à vos propres flatulences. Pas à pas, on se désinhibe.

Faites comme si vous étiez une célébrité

Autre sous-catégorie de gens foufous n'ayant pas à subir vraiment les conséquences de leurs bizarreries : vos stars préférées – musiciens, acteurs, stylistes, YouTubers, et athlètes. Donnez-moi une seule raison pour laquelle Lady Gaga peut porter une robe faite de bœuf cru et pas vous. Ou pourquoi Chad Johnson peut légalement changer de nom pour s'appeler « Ocho Cinco » et pas vous. (Indice : c'est une histoire de « confiance en soi ».) Soit les gens admirent déjà les célébrités en question, et donc acceptent leurs excentricités, soit ce sont ces mêmes excentricités qui sont à l'origine de l'admiration que l'on nourrit à l'égard des célébrités. Vous n'êtes pas célèbre ? Et alors ? Cela ne veut pas dire que vous ne pouvez pas vous accorder un peu de liberté d'expression.

EXERCICE : La prochaine fois que vous sortez dîner, proposez à des clients attablés dans le même restaurant de faire des selfies avec vous, comme si vous étiez célèbre. C'est super bizarre ! Mais si vous le faites avec confiance en vous, les gens ne s'en rendront même pas compte. Ils vous supplieront de leur en donner plus, littéralement.

Faites comme si vous étiez tout seul

Si vous cherchez une faille dans le contrat social, c'est celle-là : être seul. Quand on est seul, il n'y a personne à satisfaire, à flatter ou à servir. Personne pour vous regarder bouger votre boule, pour vous entendre faire vos gammes ou pour critiquer votre imitation des pas de MC Hammer. Mais si vous aimez chanter et danser, qui a dit que vous deviez cantonner ces bonnes ondes au domaine du privé, « quand personne ne regarde » ?

EXERCICE : Commencez lentement, en faisant comme si vous étiez seul (alors que vous ne l'êtes pas). Par exemple : seul dans votre voiture, mais à l'arrêt au feu rouge sur un carrefour très fréquenté, les fenêtres baissées ; seul sur un balcon ou sur un toit d'immeuble, mais avec d'autres gens qui traînent un peu plus bas ; seul dans les toilettes d'un bar ou d'un restaurant très fréquenté. (Un jour, j'étais aux toilettes en train de remettre du rouge à lèvres, quand j'ai entendu une femme pisser en chantant à pleins poumons « R-e-s-p-e-c-t ». Si ce n'est pas une prophétie autoréalisatrice, je ne m'appelle plus Sarah.) Au bout d'un moment, vous prendrez le coup de main. Vous saurez être bizarre en public. Il s'agit simplement d'accorder à votre monologue intérieur une voix à l'extérieur, sans s'inquiéter des personnes qui l'écoutent.

Enfin, voici, de la part de la femme qui a récemment admis, par écrit, d'aimer se poser des cônes de signalisation sur la tête et faire des séances de cabriole, un dernier élément de sagesse non conventionnelle :

Reconnaître votre propre bizarrerie et la laisser transparaître dans vos actions vous donne du pouvoir.

Pourquoi ? Parce que non seulement l'acceptation conduit à la confiance en soi, mais en plus, la confiance en soi est, en elle-même, désarmante.

Ah bon ? Mais oui ! Les gens sont faciles à manipuler.

(Sans déconner ? Je vous jure.)

Et faire exprès de faire quelque chose, avec à l'esprit un objectif clair, c'est la meilleure technique pour se cacher en pleine lumière.

⇨ 4e PARTIE ⇦

TU DEVRAIS PEUT-ÊTRE... : LES BONS CONSEILS DES BONNES GENS BIEN INTENTIONNÉES

Bienvenue dans la quatrième et dernière partie de *Fais comme tu le sens*. Nous entrons dans une espèce d'épilogue qui résume rapidement les idées du livre tout en lançant un missile philosophique pour éclairer un peu vos futurs actes en mode comme vous le sentez, et que vous perduriez dans cette voie bien après avoir lu la dernière page de ce livre.

Mais trêve de *spoilers*. Il nous reste encore cinq amendements à passer en revue, cinq amendements qui modifient les clauses issues de l'**obligation** – peut-être les plus abrutissantes de tout le contrat social.

Et ça, les amis, c'est ma SPÉCIALITÉ.

J'ai commencé à formuler publiquement mon dédain pour l'obligation dans *La magie du «j'en ai rien à foutre!»*, dans lequel je disais que le fait de se sentir obligé de faire (ou de ne pas faire) quelque chose était la pire raison de le faire (ou, donc, de ne pas le faire). Je persiste et signe. Dans ce même livre, j'expliquais que la meilleure façon de choisir ce dont se foutre (et dont ne pas se foutre) tout en évitant l'overdose de prise de tête, c'est de **consacrer votre temps, votre énergie et votre argent à ce que vous *voulez* faire plutôt qu'à ce que vous vous sentez *obligé* de faire**.

Quant aux prises de tête que vous devez vous farcir quoi qu'il arrive, que vous le vouliez ou non?

J'en ai parlé dans *Arrête de déconner!*, où j'expliquais comment torcher ces tâches non négociables pour pouvoir (encore une fois, avec délicatesse) vous consacrer à ce que vous voulez vraiment, plutôt que de ne vous concentrer que sur ce que vous vous sentez *obligé* de faire, jour après jour.

Les deux premières entrées dans le guide du «j'en ai rien à foutre» concernent l'importance de faire passer ce qui vous met en joie avant ce qui vous soûle grave, le choix avant l'obligation. Au point où nous en sommes, je suis persuadée que vous vous êtes rendu compte que *Fais comme tu le sens* est fait du même bois. (Et cela n'a rien d'un accident. Tout le monde aime une bonne trilogie.)

Dans cette partie, je vais me concentrer sur **cinq obligations culturelles spécifiques, qui sont condescendantes, posent des limites inutiles, et/ou profondément stupides**. Ces clauses du contrat social sonnent toutes comme des ordres donnés, ce qui a le don de me hérisser.

Cette quatrième partie s'ouvre donc sur le chapitre intitulé « La famille passe avant tout », un clin d'œil à toutes les brebis galeuses paissant calmement en bordure du pré alors que leurs camarades blanches et bien frisées pointent du sabot et bêêhêêhêêlent derrière leur dos. Je parlerai aussi de la **famille choisie**, et des avantages de l'éloignement de votre lignée pour partir à la recherche de votre cercle d'amis. Imaginez un peu : tisser des liens si forts que vous pouvez tout lâcher pour une personne, alors qu'elle n'a pas le même code génétique que vous... Waouh !

Ensuite, dans « T'as un côté un peu trop foufou », nous allons mettre les mains dans le cambouis pour nous attaquer à la stigmatisation de l'angoisse et d'autres formes de maladie mentale. Je parle de ma propre expérience quand j'affirme qu'il est un million de fois plus sain d'afficher publiquement son amour-propre que de traverser seul dans son coin une dépression nerveuse. Peut-être même un milliard de fois plus sain – mais je n'y mettrais pas ma main à couper : je suis une littéraire, je ne sais pas compter si haut.

Dans « Tu devrais sourire un peu plus », nous examinerons la fétichisation de la gentillesse véhiculée par l'*apparence*, les *actes* et la *formulation de certaines choses*. Je ne pense pas qu'il faille critiquer, se faire des ennemis et agir méchamment sans raison. Mais vous ne devriez pas non plus vous sentir forcé de présenter au monde un masque de béatitude calme si, à l'intérieur, vous êtes légèrement agacé ou carrément vénère.

(Sauf si vous êtes Catherine, Duchesse de Cambridge. Tu l'as bien cherché, ma grande, mais c'est gentil de lire mon livre !)

Ensuite, nous irons faire un tour du côté de votre rapport au corps dans « **Tu ne devrais pas manger ça** », et je vous expliquerai pourquoi les problématiques qui s'y rapportent sont les mêmes que toutes les autres. Et, enfin, dans « Ne sois pas égocentrique à ce point ! », je vous expliquerai pourquoi [à moins que vous ne soyez l'incompétent et prétentieux commandant en chef de l'armée la plus puissante du monde, balançant votre minuscule doigt au-dessus d'une gâchette nucléaire] un gros ego n'est pas un défaut. En vérité, il s'agit même de votre meilleur atout.

Nous achèverons *Fais comme tu le sens* par un bon reboostage de l'atout en question (qui a normalement déjà regonflé comme une baudruche lors de votre absorption des deux cents premières pages de ce livre).

N'oubliez pas, les copains : IL N'Y A RIEN QUI CLOCHE CHEZ VOUS.

Je déteste insister à ce point, mais là, vous devriez vraiment me faire confiance.

LA FAMILLE PASSE AVANT TOUT*

* LA SECONDE POSITION, C'EST BIEN AUSSI...

L'expression « la famille passe avant tout » – et son extension sous-entendue, « quoi qu'il arrive » – est un élément du contrat social pour lequel je me suis toujours formalisée. Ce n'est pas parce que je n'aime pas ma famille. J'aime ma famille, et je crois bien que pour la plupart de mes proches, le sentiment est réciproque. Mais je considère que **l'amour et le respect se méritent**, qu'ils ne s'obtiennent pas *ad vitam æternam* grâce à un test ADN.

Oui, biologiquement, il est logique que les membres d'une famille « se serrent les coudes » pour que leur lignée ait toutes les chances de survivre et de prospérer. C'est le b.a.-ba de l'évolution – et le nœud central de tous les films *Le Parrain*. Et oui, je comprends pourquoi les parents qui ont donné un amour inconditionnel et juré loyauté à leur enfant sans défense attendent la même chose de sa part pour le jour où ils auront besoin qu'on prenne soin d'eux.*

Bon, je suis peut-être une anti-gourou insociable, mais je ne suis pas une connasse. **Si votre famille vous aime et vous traite avec respect, aimez-la et traitez-la avec respect.** Tout ça est parfaitement logique. Il se trouve simplement que je pense cette règle applicable à quiconque vous traite avec amour et respect, et pas seulement aux personnes qui peuplent votre page Mesancetres.com. Et par voie de conséquence, je consi-

---

* J'aurais envie de noter tout de même que cet enfant n'a pas demandé à être mis au monde, mais c'est précisément le genre d'arguments spécieux qui donneraient du grain à moudre à Amelia d'Amazon, et je n'ai pas envie de tendre le bâton pour me faire battre. (Vous la rencontrerez dans un chapitre ou deux.)

dère que **la famille ne mérite pas toujours d'être en tête d'affiche.** Pas *automatiquement*, en tout cas.

La première section de ce chapitre est une ode aux vilains petits canards – ceux qui sont moins les dignes enfants de leurs parents que des individus uniques qui auraient pu être les enfants d'à peu près n'importe qui. Si ce n'est pas votre cas, ou si vous êtes bien de cette couvée mais que votre famille est du genre détendue de la plume, c'est top. La prochaine fois que j'ai besoin de gourous à inviter sur ma tournée de dédicaces, je vous fais signe.

La deuxième vous aidera à **faire des choix difficiles – passer du temps avec des non-membres de votre famille plutôt qu'avec eux – sans culpabiliser.** « Non » constitue une réponse acceptable, même pour le mariage de votre cousine Jennifer.

La troisième section est **un antidote contre tout ce qu'il y a « d'anti » dans mes sagesses d'anti-gourou**. Je sais que vous avez peut-être choisi ce livre parce que j'ai la témérité de dire ce que vous pensez (sans jamais oser le formuler) sur la manière dont les gens vous rendent dingue. Je suis heureuse de vous rendre un tel service. Mais parfois, j'aime bien rappeler à mes lecteurs qu'il y a plein de choses chouettes dans leurs vies, plein de choses qui méritent du « pro » plutôt que de « l'anti » : par exemple, leurs merveilleux amis, cette famille que vous avez choisie. À la fin de ce chapitre, nous leur rendrons l'hommage qu'ils méritent !

Ciao la brebis galeuse

Comme vous le savez peut-être, l'expression « brebis galeuse » s'applique à quelqu'un qui aurait apporté la disgrâce ou le déshonneur sur sa propre famille. Un fauteur de trouble et/ou un élément gênant qui par exemple est tombé enceinte hors mariage ou qui s'est lié d'une amitié virile et un peu trop intime avec un mouton du voisin.

Mais qui suis-je pour juger ? Tu bêêhêêhêês comme tu le sens, pour ainsi dire*.

L'expression a évolué pour désigner quelqu'un qui ne correspond pas trop au reste de sa famille ou qui s'en trouve exclu, pour quelque raison que ce soit, sans l'avoir vraiment déshonorée. Si vous êtes considéré comme une « brebis galeuse » (ou que c'est comme ça que vous vous voyez), c'est peut-être juste parce que vous n'aimez pas les mêmes choses que vos frères et sœurs, que votre échelle de valeurs n'est pas la même que celle de vos parents, ou que vous avez la bizarrerie en étendard, et eux, pas du tout.

> *Pourquoi Steffie ne veut pas pratiquer cette religion que nous autres pratiquons tous depuis notre naissance ?*
>
> *Pourquoi Charles n'a-t-il pas une seule cravate décente dans son armoire ?*
>
> *Qu'est-ce qu'on a fait à Miriam pour qu'elle soit à ce point obnubilée par les droits des femmes ? !*

Peut-être que vous êtes la seule parmi vos cousins et cousines à considérer que les enfants n'ont pas leur place dans une fête de mariage. Peut-être que vous avez décliné les invitations aux trois dernières réunions familiales parce que le punch coco et l'agressivité passive, c'est pas votre truc. (Ça, c'est le truc de Tante Kathy. Elle semble tenir à son MSV autant qu'à son club de lecture biblique.)

Personnellement, j'ai la chance d'être née dans un clan assez tolérant. (Soit ça, soit 90 % de tolérance et 10 % de j'en-ai-

* C'est pour ce genre de trucs qu'on me paye grassement.

rien-à-foutre-de-ce-que-Sarah-a-décidé-de-faire, ce qui me convient aussi parfaitement.) À cet égard, ce chapitre est sans doute le moins personnel de tout le livre, mais il n'en sera pas moins pertinent aux yeux de beaucoup de lecteurs – en particulier les 40 % des personnes de mon étude qui se considèrent comme des brebis galeuses.

Si vous vous sentez rabaissé et exclu par les jugements de votre famille, j'ai une bonne nouvelle pour vous : nul besoin de teindre votre laine métaphorique pour vous intégrer, ni même de donner des coups de sabots*.

Mon seul conseil est... *de ne pas les contredire*.

Je sais, c'est contre-intuitif, mais laissez-moi expliquer. **(N'oubliez pas : la rénovation mentale ne change pas *la personne que vous êtes* : elle modifie *votre façon de vous en sortir*.)**

Techniquement, tout ce qu'ils disent est vrai, non ? Votre mur mental, paré de mille affiches contestataires encadrées, n'aurait pas sa place dans la maison mentale résolument conservatrice dans laquelle vous avez grandi. Votre foyer mental, vide de toute croyance en un être suprême, n'est *pas* à l'image de l'autel que Tata Kathy a dressé en l'honneur du Seigneur son Sauveur. Et votre couette mentale en a vu un peu plus que celle de votre sœur Lucy.

Et alors ? C'est *votre* maison.

Plus vite vous l'acceptez, cessez de culpabiliser, et prenez confiance en votre propre branche de l'arbre généalogique, plus vite vous serez un véritable individu parmi vos proches.

Vous serez l'unique, l'atypique, l'exceptionnelle « brebis galeuse » de cette sacrée famille précisément PARCE QUE vous

* Oui, vous allez trouver des références à cette métaphore jusqu'à la nausée.

êtes le seul qui soit assez équilibré pour savoir qu'il n'y a rien qui cloche chez vous.

Vous avez compris l'idée ?

Et pour ceux qui auraient envie de donner un petit coup de jeune à leur foyer... Saviez-vous qu'un jeu de fléchettes peut être customisé avec des photos de famille ? Comme celle de la tronche méprisante de Tata Kathy ? Je dis ça, je dis rien...

Gérer votre temps comme vous l'entendez

Dans mon enquête, j'ai posé la question suivante : « Selon vous, combien de temps de trop passez-vous avec votre famille ? » Seulement un tiers des personnes interrogées a répondu : « Pas une minute, je suis toujours content de passer du temps avec eux. » Les 66 % restants ont exprimé leur sentiment d'être surchargés par tant de promiscuité avec leur famille. Et 10 % ont répondu « BEAUCOUP ».

Loin de moi l'idée de vous priver, vous et votre famille, des joies (ou de la tolérance à peine masquée) des moments passés ensemble, mais je pense que j'ai un rôle à jouer dans le rééquilibrage de ces chiffres effarants.

Comme je vous l'ai dit, dans *Fais comme tu le sens*, il n'est pas question d'élimination totale. (Ça, j'en parle dans un autre livre.) Nous allons partir du principe que les 66 % d'entre vous cités plus haut veulent tout de même passer du temps avec (et continuer d'en avoir quelque chose à foutre de) leur famille. Mais un peu *moins* qu'aujourd'hui tout de même. Et *moins souvent*.

Vous voulez sincèrement déjeuner avec eux, aller à leurs fêtes et leur rendre visite en prison, mais vous n'aimez pas **vous sen-**

tir *obligé* de les faire passer tout en haut de votre liste simplement parce que la société (ou Mamie) vous raconte que la famille, ça passe avant tout.

À mon avis, un nom de famille identique ou quelques gènes en commun ne doivent pas constituer une raison valable de faire quelque chose – pas plus que « J'ai vu des gens faire ça à la télé ». Mais je comprends : **laisser des facteurs arbitraires décider à votre place, c'est plus facile que de faire vous-même des choix difficiles.** (Et par choix difficile, je ne parle pas de « Votre mère et votre copine Mandy se noient et vous ne pouvez en sauver qu'une, laquelle choisissez-vous ? » Ces questions sadiques sont produites par des psychopathes et des étudiants en philo, et ni les uns ni les autres ne peuvent se vanter d'être des boss de la décision.)

Je parle d'opter pour une soirée entre amis au détriment d'une soirée en famille. Et je pense juste que ces choix ne sont pas si difficiles à faire, en vérité. De façon purement hypothétique, et pour que tout le monde stresse à mort, imaginons qu'il s'agisse de deux mariages.

IL NE PEUT EN RESTER QU'UN. (RIEN NE VOUS OBLIGE À CHOISIR VOTRE COUSINE JENNIFER.)

Imaginons que le mariage de Jen à Boston ait lieu le même jour que celui de votre pote Tito à Austin.

Vous les aimez tous les deux, vous voudriez aller aux deux mariages, et théoriquement, les deux sont des événements uniques (sauf que, connaissant Tito...). Mais vous n'avez pas le don d'ubiquité, même pas sur une seule journée.

Et je vous connais bien. Toutes les teufs ne se valent pas et quel que soit l'amour que vous portez à votre famille et à vos amis, vous *avez* une préférence. Tout comme votre mère a un enfant préféré.

Alors si vous êtes vraiment proche de votre cousine Jen, que le buffet de fruits de mer à volonté préparé par l'Oncle Joe vous met en joie ET que c'est la teuf qui vous donne le plus envie de sortir de chez vous, alors la décision est facile à prendre. Vous pouvez exprimer poliment votre refus à Tito, avec un : « Désolé, mec, j'aurais vraiment aimé être là, mais bon, tu sais comment c'est... la famille. » Il ne saura jamais.

Mais que faire si vous préférez passer votre week-end à siffler les IPA et à vous empiffrer de barbecue aux frais de Tito à Austin ? Je parie que vous allez culpabiliser vachement plus si vous choisissez la soirée de Tito au détriment de celle de Jen parce que, vous comprenez, Jen, c'est *la famille*... Et d'ailleurs : **il y a de fortes chances pour que vous choisissiez la soirée qui vous enchante le moins et que vous gardiez à jamais votre secret**.

Pauvre Tito.

Et pauvre vous.

Mais ça fait plus de côtes de bœuf pour les autres.

Eh bien moi, ce que je dis, c'est OUVREZ LE CAQUET ! Répondez un non très poli à Jenny, un oui enthousiaste à Tito, et lissez-vous les plumes : vous partez au Texas !

ISSUE(NION) DE SECOURS

Soit dit en passant, le mariage (ou toute relation amoureuse) illustre parfaitement la nécessité de sortir du giron familial. La personne qui a juré d'être à vos côtés pour le meilleur et pour le pire est peut-être votre porte de sortie hors d'une situation familiale intenable ou au moins un bouclier de protection à avoir sur vous lors de la tempête de Noël occasionnelle. Non seulement cela vous donne le droit de passer vos journées et vos nuits avec quelqu'un que vous avez activement choisi (et qui vous a lui aussi choisi), mais en plus, si vous le souhaitez, vous avez l'opportunité d'élever ensemble de nouveaux êtres humains sur la base de valeurs que vous avez, elles aussi, choisies. Ces gens auront à leur tour la possibilité, un jour, d'en faire autant – ce qui est plutôt cool. Ce n'est pas pour rien que l'inceste est décédé d'une mort lente et génétiquement incertaine dans le monde moderne.

S'il faut que j'aille jusqu'au bout de cette leçon, et que j'enfonce le clou jusqu'à péter le mur avec mon marteau d'anti-gourou : **on a le droit de faire passer le choix avant le sentiment d'obligation.** Il n'y a rien de *mal* à ça. Il y a sans doute pas mal de gens qui, en lisant cette phrase (coucou Amelia d'Amazon !), ressentiront une vague de compassion à l'égard de mes parents ou se demanderont ce qu'ils ont bien pu faire de mal pour donner naissance à une telle connasse de fille égoïste et sans cœur.

Peut-être qu'elle a grandi parmi les chats sauvages ? Il paraît qu'ils sont du genre distant. C'est une possibilité.

Figurez-vous que mes deux parents sont très famille (et ni l'un ni l'autre ne sont des chats sauvages). Ils sont proches de leurs propres parents et de leurs frères et sœurs ; ils ont consenti à subir une bonne lampée de mélo et quelques vrais traumatismes par esprit de communauté ; et ils aiment clairement que leurs enfants viennent leur rendre visite, et ce, même si leur aînée est une harpie qui parle comme un charretier. Mais voyez-vous, mes parents ne m'ont jamais fait me sentir obligée de faire quoi que ce soit au nom de la famille – et c'est tout à leur honneur. Ils savent qui je suis : quelqu'un qui fait ce qu'elle veut, quand elle en a envie, qui a ses propres raisons et qui n'a pas peur de les exposer.

Ils m'acceptent. Ou peut-être qu'ils ont peur de moi. Tout ce que je sais, c'est qu'on s'entend bien mieux que d'autres familles que je connais qui passent tout leur temps en vase clos à force de vouloir se faire passer les uns les autres « avant tout, quoi qu'il arrive », et qui du coup, ne passent plus jamais de bons moments ensemble. Je passe de bons moments avec mon frère et mes parents. Je n'ai pas l'impression d'avoir été prise en otage par mon nom, mon code génétique et mon sens du devoir.

Encore une fois, je me considère comme quelqu'un de chanceux, sur ce plan-là. Mais si certains membres de votre famille pensent que vous leur devez une partie de votre temps et ne comprennent pas *pourquoi* vous feriez passer quelqu'un d'autre avant eux, je crois que je peux vous venir en aide. Comme je l'ai dit plus haut, « non » est une réponse acceptable (et une phrase qui se suffit à elle-même), mais si cela ne fonctionne pas, il y a d'autres manières de vous faire comprendre.

CINQ FAÇONS D'EXPLIQUER À VOTRE FAMILLE POURQUOI VOUS FAITES PASSER LES AUTRES AVANT ELLE

1. Dites à Mamie que vous l'aimez et que vous espérez que sa perruche Mabel aura une fête d'anniversaire digne de ce nom, mais que vous préférez aller faire la fête aux Caraïbes avec vos amis Kevin et Jill. Ni elle ni vous n'en reparlerez jamais.

2. Exposez à votre sœur les raisons tout à fait valables pour lesquelles vous ne pouvez pas venir au pique-nique qu'elle organise pour son association. En FaceTime,

depuis les toilettes. Elle cherchera des excuses pour mettre fin au coup de fil.

3. Dites que vous auriez été aux anges d'accompagner vos parents à leur stage de Qi Gong pendant le prochain week-end prolongé, mais que votre petit ami vous a dégotté des billets pour le concert de Beyoncé ET que vous pensez qu'il va peut-être faire sa demande en mariage. Ils s'adouciront à l'idée de disposer à l'avenir d'un gendre à faire culpabiliser pour leurs prochains stages de Qi Gong, mais se sentiront trop gênés pour vous en parler si vous revenez sans la bague au doigt.
4. Dites à votre Oncle Bert que vous avez vraiment hésité entre le Festival de la Saucisse qu'il organise chaque année dans son jardin et cette invitation à rejoindre dans une maison de bord de mer des gens que vous connaissez à peine mais qui ont de la super beuh.
5. Déclamez votre réponse en alexandrins. Tout le monde s'empressera de vous rayer de toutes les listes d'invités.

Vous les aimez, tous ces gens. Vous les respectez. Mais vous avez aussi une vie en dehors de votre famille et il n'y a rien de mal à ça. Vos parents, grands-parents, frères et sœurs, oncles et tantes, cousins et cousines peuvent supporter de passer au second plan de temps en temps.

Sauf si vous avez besoin d'un don d'organe. Dans ce cas-là, ce sont eux que je vous recommande d'appeler en premier.

Avoiiiir un bon copaiiiin, c'est bien c'qu'il y a d'meilleur au mon-on-onde !

Attendez, attendez, je ne suis pas là seulement pour grogner, rouspéter, et lancer au hasard des hypothèses (si justes que c'en est gênant) sur votre relation avec votre cousine Jennifer ! Je suis aussi là pour récompenser les gens qui vous apprécient pour qui vous êtes. Finissons donc ce chapitre sur une note positive et accordons aux amis comme Tito le moment de gloire qu'ils méritent.

Tito est quelqu'un que vous avez rencontré et choisi de continuer à fréquenter de votre propre chef, sans la moindre obligation. Peut-être que c'était votre voisin quand vous étiez petit et que vous vous êtes liés d'amitié très tôt. Peut-être que vous l'avez rencontré en colonie de vacances ou à la fac. Peut-être qu'il a répondu à votre annonce Craigslist pour trouver un colocataire, qu'il ne vous a ni drogué ni agressé et que du coup vous vous êtes dit *C'est trop bien, ce mec pourrait carrément être mon ami !*

Quoi qu'il en soit, Tito vous comprend vraiment.

Il sait que votre excitation à la sortie du prochain *Sharknado* sera d'une intensité rare et que vous vous en contrefoutez des bières artisanales. Il partage votre sens de l'humour, qualité rare chez les gens qui ne sont pas camionneurs long-courriers. Il ne répond pas à vos textos dans la minute mais vous savez qu'il est là pour vous. Dernièrement il a peut-être été un peu blessé que vous ne veniez pas à son mariage, étant donné que vous êtes les meilleurs amis du monde et qu'il ne vous avait jamais entendu parler de votre cousine Jennifer, mais il s'en remettra, **parce que les bons amis ne font pas culpabiliser leurs potes pour qu'ils fassent des trucs qu'ils n'ont pas envie de faire.**

Et vous comprenez vraiment Tito.

Vous savez qu'on ne peut plus l'arrêter quand il se met à parler de sabermétrie. Vous acceptez de supporter ça parce que vous aussi vous avez quelques lubies de geek – c'est d'ailleurs une des raisons pour lesquelles vous êtes aussi compatibles. (Votre passion pour votre collection de boucles de ceinture vintage n'est peut-être pas totalement saine, soit dit en passant.) Tito, c'est pas le gars compliqué. Vous n'avez pas à faire semblant de vous intéresser aux menus détails de sa vie : ça vous intéresse vraiment.

Le fait est que vous avez choisi Tito et qu'il vous a choisi lui aussi. **C'est un privilège d'avoir des amis comme lui – on ne vous les distribue pas gratos à la naissance.** Sachez les apprécier. Soutenez-les. Allez-y, faites-les passer avant le reste.

Les amis qui ne vous jugent pas pour avoir choisi ce qu'il y a de mieux pour vous sont ceux que vous voudrez garder au plus près de vous. Et d'ailleurs, en toute honnêteté, l'idée que se fait Tito de ce qu'il y a de meilleur pour vous est sans doute plus proche de la vôtre que, par exemple, celle de quelqu'un qui ne deviendrait jamais votre ami mais avec qui vous devrez partager un mausolée un jour parce que, vous savez comment c'est, *la famille*.

T'AS UN CÔTÉ UN PEU DINGO*

* PENDANT UN AN J'AI GARDÉ UNE LITIÈRE POUR CHATS SOUS MON BUREAU, ET JE PÈTE LE FEU.

Quand je faisais mes cartons dans notre appartement de Brooklyn, en prévision du grand déménagement sous les Tropiques, j'ai mis au jour toute une série d'objets dont j'avais oublié l'existence. Parmi eux : la vulve en peluche que m'avait offerte un de mes auteurs, bien cachée dans un carton à chapeau ; un « bang scorpion », une pipe en verre de la forme de l'arachnide éponyme, que nous avions achetée quand nous étions partis en vacances en famille au Mexique ; et un wok, que je n'ai jamais utilisé.

Sous le lit, j'ai trouvé une boîte en carton contenant un petit tableau d'un paysage marin, avec un cadre blanc rappelant les maisons du bord de mer, ainsi qu'un morceau de bois flotté criblé de trous.

Vous vous demandez peut-être pourquoi quelqu'un comme moi – qui trouve qu'il n'y a rien de plus excitant qu'une grande séance de tri et qui sait renoncer à des objets lorsqu'ils ne sont plus utiles et ce, même s'ils ont une valeur sentimentale – a conservé cette boîte. Effectivement, la question se pose. C'était un authentique reliquaire, bien scellé avec du gros Scotch et rempli de souvenirs de la pire période de ma vie, mais aussi d'une des choses les plus gentilles qu'on ait faites pour moi.

Le biofeedback et le come-back

Après plusieurs années de symptômes restés sans diagnostic – parmi lesquels des migraines aveuglantes, des crampes d'estomac, de l'essoufflement et de l'urticaire (*Regarde!* Ça s'étend sur tout son corps ! Comme les monticules d'une taupe exotique miniature qui vivrait sous la peau !) –, j'ai enfin vécu, à trente et un ans, ma première crise de panique en bonne et due forme. Ou plutôt, cette crise était si violente qu'il m'était impossible de l'ignorer. Je pense en avoir subi d'autres antérieurement, plus petites, comme de faibles secousses sismiques présagent d'un tremblement de terre majeur.

Cette journée terrible, horrible, en mode ça-va-pas-du-tout m'a conduite tout droit chez le médecin. Et m'a obligée, enfin, après tout ce temps, à écouter cette femme lorsqu'elle m'a dit que je devrais essayer le *biofeedback* pour traiter les causes de mon anxiété plutôt que d'ingérer par poignées des médocs contre la douleur, la nausée et les allergies pour n'en traiter que les symptômes.

J'étais sceptique. *Le biofeedback ? Kessekecé que ce truc ? Un mot savant pour dire « MEUF, T'ES CINGLÉE DANS TA TÊTE » ?*

Et quand j'ai compris ce qu'était – se faire coller des électrodes et poser des questions sur mes sentiments tout en observant les fluctuations de mon niveau de stress sur un écran – j'étais encore plus méfiante. Je pratiquais couramment l'antidouleur et l'antihistaminique. Ça traitait mes indispositions physiques. Mais ce protocole semblait bien plus de l'ordre de « soutien psychologique », et, nom de Dieu, il était hors de question d'envisager que j'avais besoin de ce genre d'aide.

Eh bien sachez que c'est une TRÈS BONNE CHOSE que je me sois fait un peu violence pour tenter le coup. (Plusieurs mois de douleurs et de souffrance, ça aide quand même à mettre sa fierté de côté.)

La première session m'a ouvert les yeux. Le médecin m'a patiemment expliqué ce qu'était la crise de panique, la manière dont les pensées et les menaces perçues peuvent se manifester à travers des réactions physiques, et qu'il n'y a rien de « fou » dans ce que je vivais.

Malgré tout, j'ai eu beaucoup de mal à accepter qu'une partie de mon cerveau – mon beau cerveau si bien conçu et autrefois si fiable – puisse me trahir. J'ai détesté ça. Il m'a fallu plusieurs consultations pour accepter et intégrer ce qu'on me racontait. Si vous ou quelqu'un que vous connaissez fonctionne sur la même mécanique mentale et endure des souffrances physiques similaires, j'espère que le fait que j'en parle ouvertement vous aide à aboutir à la bonne conclusion plus vite que je ne l'ai fait.

J'ai fini par apprendre à me réguler, entre autres à l'aide d'exercices de respiration. Le médecin m'a bien fait comprendre qu'il n'y avait pas de raison pour que je me considère comme une ratée parce que je n'étais pas en mesure de contrôler ma réaction « de combat ou de fuite ». C'est comme si on demandait à RuPaul* de s'en vouloir de tout déchirer à ce point.

JE NE SUIS PAS MÉDECIN, MÊME PAS UN FAUX MÉDECIN DE SÉRIE TÉLÉ. NE ME FAITES PAS DE PROCÈS, S'IL VOUS PLAÎT.

Il me semble que c'est le bon moment pour rappeler, sans la moindre équivoque, que les conseils dispensés dans ce chapitre sont fondés sur mes problématiques personnelles, à savoir une anxiété générale et des troubles de la panique. Même si j'ai rencontré pas mal de gens souffrant des mêmes problèmes et d'autres maladies mentales plus ou moins graves, je ne prétends pas être en mesure de parler

* RuPaul est une drag queen américaine, chanteur de dance, acteur et parolier de chansons qui a connu la gloire dans les années 1990 (N.d.T.).

en leur nom, ni en votre nom, d'ailleurs. Il existe toute une littérature sur la santé mentale et le bien-être, des livres fantastiques qui fouillent le problème bien plus profondément et bien plus professionnellement que celui que vous avez entre les mains. Tout ce que je peux vous dire, c'est ce que j'ai vécu et ce que j'ai appris. Et que peut-être que si vous appliquez à votre propre vie les leçons tirées de mes propres déconvenues, alors peut-être que ça ira mieux pour vous.

Comme le disait un de mes anciens patrons : « C'est mieux que rien ou qu'un coup de pied dans les dents. »

J'avais eu tort de croire qu'un problème de santé mentale était différent d'un problème purement physique, pour lequel je me serais fait soigner dans la joie et sans la moindre honte.

Mais c'est quoi le rapport avec le bois flotté qui traînait sous mon lit ? Patience, mes jolis.

La plage, c'est la vie*

Alors, parmi les exercices que ma doc (diplômée) m'a donné à faire, j'ai dû dresser une liste de quelques activités que j'avais plaisir à faire et qui me calmaient, puis incorporer ces éléments à mon quotidien, autant que possible. Cela vous semblera peut-être idiot (surtout quand vous entendrez ma liste perso), mais

a) ça a vraiment fonctionné ;

b) le but de ce chapitre, c'est justement de faire en sorte que vous ne vous priviez PAS d'une aide précieuse, d'une bonne santé mentale ou du bonheur en

---

* Même si à la fin de la vie, tout le monde meurt quand même.

lui-même juste parce que ça peut vous sembler « idiot » – à vous ou à quelqu'un d'autre.

On ne peut pas laisser la honte gagner cette bataille. C'est vraiment *trop* une connasse.

Un des éléments de ma liste, c'était « lire la presse people ». Pour quelqu'un qui passait toute sa vie professionnelle à lire et à exercer son jugement critique toute la journée, le fait de rester scotchée quelque temps dans *Voici* était un baume relaxant pour mon pauvre lobe frontal que je sollicitais trop. Mon mari m'a rapidement offert un abonnement. (Quant à moi, j'ai déposé sa demande de canonisation il y a quelques années.)

Autre élément haut dans ma liste : les bains avec de la mousse dedans. Dans notre appartement de Brooklyn, nous avions une baignoire, et pourtant je n'ai commencé à l'utiliser que quand cela m'a été *prescrit*. Je vois ça comme un échec personnel cuisant.

Mais ce que j'aime le plus au monde – cette activité qui fait baisser mon niveau de stress aussi sûrement qu'un pichet de margarita fait baisser ma capacité à garder le haut –, c'est de rester assise au soleil, à regarder l'océan, les pieds dans le sable. C'est devenu mon quotidien permanent, mais à l'époque, je n'avais pas beaucoup d'opportunités d'aller me promener à la *playa*. Et certainement pas pendant ma journée de boulot, c'est-à-dire pendant les heure mêmes qui me sabotaient le système nerveux.

Alors je suis sortie acheter une litière.

Oui, moi, femme de la race humaine, j'ai acheté des chiottes pour chat pour mon usage personnel. Aux grands maux, les grands remèdes, les gonzes et les gonzesses. Je l'ai introduite clandestinement dans mon bureau, avec dix boîtes de « sable de création » achetées dans un magasin de fournitures d'art de

Manhattan. J'ai installé tout ça sous mon bureau, et de temps en temps, en toute discrétion, j'ôtais mes chaussures à talons pour pelotonner mes pieds dans une plage factice.

Et ça a marché ! Mais ce n'est pas resté discret très longtemps.

Je ne sais pas comment j'ai pu croire que personne ne remarquerait UNE PUTAIN DE LITIÈRE POUR CHAT dans mon bureau, mais **la honte est un bon catalyseur du déni.** Mon assistante a fini par me demander ce que ça faisait là. Elle n'était pas là le jour de ma crise de panique, alors je lui ai raconté toute l'histoire, jusqu'à ma fameuse liste d'activités calmantes.

Le lendemain, en arrivant au travail, j'ai trouvé une installation surprise sur l'étagère au-dessus de mon écran d'ordinateur : un paysage marin encadré avec, à sa droite, un morceau de bois flotté et un kit de plantes épiphytes, ces petites pousses qui survivent dans les climats les plus arides.

Mon assistante m'a regardée avec un grand sourire et m'a dit : « Maintenant, tu as une plage à regarder quand tu mets tes pieds dans le sable ! »

Des larmes de gratitude se sont mises à couler sur mes joues. Son geste, ainsi que son effet thérapeutique indéniable, n'aurait pas été possible si je n'avais pas commencé par dépasser cette honte qui m'habitait (la honte d'avoir besoin d'aide et d'aller la chercher), et par la mettre tout bonnement de côté en étant honnête avec mon entourage sur ma santé mentale. Presque dix ans plus tard, je l'en remercie encore. (C'était par ailleurs une excellente assistante, devenue aujourd'hui éditrice exécutive comme il se doit. Hip hip hip... Hourra pour Christine !)

Quand j'ai changé de job, j'allais beaucoup mieux du point de vue de l'anxiété, alors je n'ai pas transplanté tous mes talismans dans mon nouveau bureau. Je me suis débarrassée du sable et j'ai mis la litière au recyclage, mais j'ai gardé le tableau et le bois flotté avec moi. Plus pour la déco que pour la thérapie, mais c'est bonnet blanc et blanc bonnet. (Hélas, les épiphytes n'étaient pas si indestructibles qu'on nous l'avait fait croire.)

Et quand enfin j'ai quitté ce poste-là – c'est-à-dire quand j'ai mis fin à toute une carrière et tout un mode de vie –, j'ai emporté avec moi des « souvenirs » de ce qui serait apparemment mon dernier bureau de salariée, et les ai fourrés sous mon lit.

Le jour où j'ai ressorti cette boîte, je n'avais plus vraiment besoin de ma fausse plage. J'avais déjà commencé à construire une maison à côté d'une vraie plage, et j'étais en train de m'organiser pour y déménager pour de bon. J'étais plus calme, en meilleure santé et plus heureuse de travailler à mon compte. J'avais pris l'habitude d'utiliser d'autres techniques que m'avait enseignées ma thérapeute (la respiration profonde, le fait de tenir un journal, et un ou deux médicaments) pour gérer mon anxiété sous-jacente et mes accès de panique momentanés.

Mais je n'avais pas bazardé le tableau et le bois flotté. Et ce n'est pas parce que je reste accrochée aux choses qu'on m'a offertes, juste par principe. (Comme un *autre* gourou, je pense qu'un cadeau a rempli sa mission et achevé sa destinée au moment où il est offert.) Non, je pense que je les ai conservés parce qu'ils représentent pour moi le confort et la sécurité. À cette époque, le fait de les laisser sur le trottoir m'aurait fait le même effet que de laisser ma boîte de Xanax dans le taxi avant un vol transatlantique.

Quand j'ai été forcée de prendre des décisions sur ce que j'allais mettre dans ma valise pour partir en République dominicaine et ce que j'allais laisser au coin d'une rue de Brooklyn, je me suis enfin séparée de ma « plage ». Après tout, j'avais fait des pas de géant pour m'en offrir une autre, et j'étais bien contente d'avoir la place dans mes bagages pour glisser quelques boîtes d'Imodium en plus.

Ben quoi ? La franchise, c'est mon truc. Vous avez bien dû vous en rendre compte, depuis le temps.

Ce qui m'a permis de me sortir de cette période vraiment difficile et terrifiante, c'est d'accepter les hauts et les bas de ma santé mentale, d'en parler ouvertement et d'aller chercher l'aide de professionnels.

Et c'est cela qui, encore aujourd'hui, m'aide à traverser les moments de difficulté, comme l'écriture d'un troisième livre moins de deux ans plus tard. Ou quand mon mari-bientôt-canonisé met le feu au four au moment même où j'écris ces lignes, m'obligeant à descendre dans la rue en jogging, les cheveux en bataille pour me calmer. SALUT LES VOISINS !

C'est précisément ***parce que*** **je suis prête à m'attaquer à mes problèmes la tête haute et droite, quitte à passer pour une folle**, que j'ai survécu. Je suis prête à respirer profondément dans un ascenseur bourré d'inconnus (quatre secondes d'inspiration par le nez, six d'expiration par la bouche). Je suis prête à aller chercher du Zoloft à la pharmacie en plein jour, mais aussi à fouiner dans mon sac, déboucher la boîte et avaler sans eau le cacheton que j'ai oublié de prendre ce matin-là, le tout sous les yeux de quelqu'un que je viens de rencontrer. Je suis prête à conserver une *putain de litière pour chats pleine de sable sous mon bureau pendant un an à mon poste haut placé* si cela me permet d'éviter une nouvelle crise de panique.

Du moment que ça marche, on s'en cogne !

Alors mon conseil, c'est qu'on s'en fout, que vous soyez un peu « foufou ». Peut-être même que c'est nécessaire.

Oui, il faudra peut-être que vous dévoiliez parfois votre folie douce afin de contourner une vie de honte et de souffrance. Mais si vous êtes comme moi, une fois que vous aurez appris à prendre soin de vous de cette manière éhontée, et que vous en retirerez tous les bénéfices, vous ne serez même plus vraiment gêné de le faire. Vous serez trop occupé à vous sentir soulagé. Et en pleine possession de vos moyens. Et peut-être même heureux. Encore une fois, je ne veux pas outrepasser mes limites médicales et thérapeutiques, mais je parle d'expérience.

Ma vie est devenue incommensurablement meilleure **quand j'ai arrêté de m'inquiéter d'AVOIR L'AIR foufou pour enfin tout simplement l'ÊTRE**.

Vous pourriez peut-être essayer ? C'est sans doute mieux que rien ou qu'un coup de pied dans les dents.

TU DEVRAIS SOURIRE UN PEU PLUS*

* COMMENT SE LIBÉRER DE LA SECTE DES GENTILS.

J'aimerais commencer ce chapitre par une spéciale dédicace à toutes les personnes qui me lisent et à qui on a crié « Eh ! Tu pourrais sourire un peu ! » alors qu'elles marchaient dans la rue sans embêter qui que ce soit. Levez la main si vous savez ce que c'est que de contorsionner votre visage d'une manière très peu naturelle afin d'éviter de vous faire exclure, critiquer ou d'être l'objet d'une quelconque vengeance.

Cela m'est arrivé à peu près TOUS LES JOURS à l'époque où j'habitais à New York City. Non, j'exagère. Un jour sur deux. Dans les transports en commun, à un carrefour, dans une épicerie... vous pouvez prendre n'importe quel endroit : un inconnu m'aura demandé d'y sourire.

Un jour, un cycliste qui passait devant moi m'a dit de sourire alors que je sortais de chez le dentiste, qu'il venait de me faire des plombages et que j'attendais un taxi. Un chauffeur de taxi m'a dit de sourire alors que je venais d'échapper à une agression sexuelle dans l'appartement d'un inconnu. Un mec dans le métro m'a dit de sourire alors que la veille, j'avais euthanasié mon chat.

C'est quoi ces demandes arbitraires sur la position de mes lèvres, de mes joues et de mes dents ? Pourquoi c'est important pour les gens que j'aie l'air heureuse alors que je m'en vais travailler, que je reviens d'un déjeuner ou que je sors de chez le docteur où j'ai subi une opération invasive ? Et pourquoi est-ce ma responsabilité que de sourire, surtout *alors que je suis en train de me faire harceler* ?

SÉRIEUX, C'EST QUOI LEUR PROBLÈME À CES GENS, QUELQU'UN PEUT M'EXPLIQUER ?

(Cela n'arrive plus aussi souvent depuis que j'habite en République dominicaine, même si beaucoup de gens qui ne sont clairement pas sortis de mon minou m'appellent « Mami », avant d'émettre un petit bruit très caractéristique (à mi-chemin entre le sifflement et le claquement) qui veut peut-être dire « Tu devrais sourire un peu plus » dans un dialecte local que je ne maîtrise pas encore.)

RAISONS POUR LESQUELLES, PEUT-ÊTRE, JE NE SUIS PAS EN TRAIN DE SOURIRE

- Mes voisins écoutent « Despacito » en boucle.
- Une ampoule est en train de se former sur mon petit orteil.
- Le président des États-Unis est un perfide globule pleurnichard.
- J'ai mes règles dans deux jours.
- J'ai mes règles.
- Tout ce que je veux, c'est sortir de là.

Mais passons. Ce n'est pas un chapitre sur le harcèlement de rue, malgré le fait que la lutte quotidienne entre le visage neutre que les femmes aimeraient pouvoir afficher et le patriarcat *soit* réelle, qu'il *s'agisse bien* d'une épidémie, et que je sois heureuse d'être la quatre millionième femme cette semaine à l'avoir exprimé publiquement. Mais un « Eh, souris ! » non sollicité est emblématique d'**une obligation majeure inscrite au contrat social : celle d'avoir l'air gentil, d'agir de façon gentille ou de dire quelque chose de gentil même quand on n'a pas envie de le faire – et aucune raison valable**.

J'aimerais expliquer pourquoi tout ça ce sont des conneries pour tout le monde, et pas seulement pour les adeptes de la non-expression faciale que nous comptons dans nos rangs.

La Secte des Gentils

La Secte des Gentils trouve ses fidèles chez les hommes autant que chez les femmes, et ne fait pas le distinguo entre nos vies personnelle et professionnelle. Elle voue un culte à ceux qui marchent dans la rue en souriant comme s'ils venaient tout juste de regarder la vidéo la plus marrante d'Amérique, *pour de vrai*. Elle cible ceux de vos collègues dont on jurerait qu'ils se font des listes quotidiennes avec des entrées du style « exprimer une compassion non désirée pour votre vie amoureuse » et « parler de la pluie et du beau temps dans l'embrasure de la porte alors que vous essayez de bosser ». Elle élève au statut de Dieu ceux qui sont capables de se mordre les lèvres quand l'Oncle Pete raconte qu'Hillary Clinton, c'était pas forcément mieux que Donald Trump, au cours d'une réunion familiale qui se passait plutôt bien. En 2028.

Ce n'est pas que je méprise les membres de cette secte ou ceux qui souhaitent la rejoindre – c'est impressionnant d'être tout le temps gentil à ce point, et je n'ai rien contre ça. Mais ce n'est pas parce que ça leur semble naturel que ça l'est pour vous ou pour moi, et **nous avons le droit le plus strict de fermer la porte au nez des démarcheurs**.

> Vous voulez vous promener avec l'air morose ou neutre ? **Allez-y.**
>
> Vous voulez garder votre temps et votre énergie en évitant les discussions de couloir qui ne sont là que pour vous donner l'air aimable ? **Je ne vois pas où est le mal.**

> Vous voulez libérer le courroux d'un millier de furies la prochaine fois que Pete fait mention, entre deux bouchées de tarte à la citrouille, du scandale des e-mails d'Hillary Clinton ? **Foncez !** (Non seulement ce ne sera pas moi qui essaierai de vous arrêter, mais en plus, si vous me prévenez suffisamment tôt, je serai heureuse de me joindre à vous et de filmer le tout pour la postérité.)

Cependant, comme toujours, ne voyez pas ces encouragements à ne pas vous montrer gentil tout le temps comme une carte blanche* pour vous comporter de façon malveillante, s'il vous plaît. Je ne suis pas en train d'essayer de créer une génération de psychopathes. Tout ce que je dis, c'est qu'il est possible d'être poli, productif et professionnel sans imprimer constamment une tête de smiley hilare sur son visage.**

AGIR, C'EST PAS MAL NON PLUS

À l'époque où mon mari et moi joignions à peine les deux bouts, nous avons fait chauffer la carte bleue dans un restaurant chic pour la Saint-Valentin. Une femme plus âgée qui travaillait avec lui était là, et elle nous a fait servir deux coupes de champagne, par pure gentillesse. On était heureux comme si elle nous avait payé nos prêts étudiants. Aussi souvent que possible, je fais péter le chéquier. Parce qu'autant j'ai horreur de la gentillesse fausse et forcée, autant j'adore faire des trucs gentils pour les gens, juste parce que j'en ai ENVIE. Je ne dirais pas que c'est aussi bien que l'héroïne, mais c'est parce que

* En français dans le texte (N.d.T.)

** À bien y réfléchir, ça doit être encore plus flippant que de se retrouver en tête à tête avec un psychopathe dans une allée sombre.

je n'ai jamais essayé. Cependant je peux vous dire que les actes de gentillesse gratuits sont au moins aussi grisants qu'un demi-Valium arrosé de deux mini-bouteilles de merlot vendues dans l'avion.

Voici quelques techniques éprouvées pour faire comme vous le sentez sans être démesurément gentil (ou vous sentir coupable de ne pas l'être) :

Quand quelqu'un vous dit que vous devriez sourire un peu plus…

… regardez-le droit dans les yeux sans ciller jusqu'à ce qu'il détourne le regard.

… dites-leur que vous avez perdu les muscles de vos joues au Viêtnam.

… portez un masque d'Hannibal Lecter la prochaine fois que vous sortez de chez vous.

Quand quelqu'un vous dit que vous pourriez allez faire gentil-gentil avec des membres de votre famille ou des collègues…

… répondez que « gentil » est un terme assez subjectif, en ce sens qu'il ne s'applique pas à tous vos proches.

… dites-lui que vous adoreriez, mais que vous êtes super occupé à faire ce que vous avez à faire.

… rappelez-lui qu'être gentil n'a pas trop réussi à un certain charpentier de Nazareth.

Quand quelqu'un vous dit que si vous n'avez rien de gentil à dire, vous feriez mieux de ne rien dire du tout…

… renvoyez-les gentiment au paragraphe ci-dessous.

Il ne faut pas avoir peur de mettre les mains dans le cambouis

En tant qu'auteure, je suis une habituée de la critique, qu'elle soit valable ou infondée. La critique valable ne fait jamais de bien, mais elle fait partie du forfait et je l'accepte. Les trucs infondés sont encore moins agréables, mais il faut savoir en rire, les ignorer, et ne pas aller les lire – surtout si, comme le dit Amelia d'Amazon.com, vous êtes « un monstre baratineur, égoïste, arrogant et passif-agressif qui n'a jamais eu à faire face à de véritables difficultés dans sa vie tout entière ».

Est-ce que ce serait mieux si Amelia qui, en tout état de cause, n'avait rien de gentil à dire, avait décidé de ne rien dire ? Alors. Disons que je n'encourage pas le genre de critiques infondées qu'elle profère, mais on vit dans un pays libre (pour le moment, du moins) qui lui confère le droit de les formuler.

Ce que j'encourage pour de bon, c'est de **ne pas laisser l'injonction à la gentillesse vous empêcher de vous défendre vous, ou vos valeurs, ou la vérité face à la connerie abjecte** – dès lors que vous subissez une provocation réelle et que vous considérez que ça vaut le coup de répondre à l'agresseur.

Il y a quelques chapitres de cela, dans « Devenir une personne "casse couilles" », j'ai parlé de l'importance de chercher à obtenir ce que l'on veut et de refuser ce que l'on ne veut pas. Nous avons abordé les désaccords collégiaux et les différences d'opinion sur la cuisson d'un filet de 250 grammes. J'ai également discuté de la cohabitation pacifique, de la qualité des chambres d'hôtel, de tous vos besoins dans l'alcôve, et du fait de conserver le courage de ses convictions face à la pression de se conformer aux normes de quelqu'un d'autre.

Dans chacun de ces cas, j'ai vivement conseillé d'avoir recours à la politesse et à la franchise pour atteindre vos objectifs. Inutile de laisser des petits mots menaçants à votre colocataire ou de foutre en l'air le bureau de votre patron pour vous faire entendre.

Et pourtant.

Il arrive qu'on soit provoqué, et là, deux options s'offrent à nous :

1. Ne rien dire du tout, mais alors quelqu'un se comporte comme un con sans la moindre conséquence.

2. Décider d'être UN PEU MOINS GENTIL.

Et je ne vous dis pas de passer en mode casse-couilles classique. Je vous parle du bon vieux savon à l'ancienne, avec de la voix, de grandes inspirations et des regards d'acier. Pas juste une réplique, mais une bonne grosse rouste – figurative, évidemment.

Si vous vous trouvez dans une situation telle que celles décrites ci-dessous, ou approchante, j'espère que vous vous sentirez la force d'utiliser certaines de ces reparties, même si ce n'est pas très gentil :

Situation : Votre ami Facebook crie haut et fort que « le réchauffement climatique n'existe pas ».

Réponse : « Garde bien à l'esprit que si tu te retrouvais piégé par une inondation, ton cerveau malade ne pourrait pas te faire office de bouée de sauvetage. »

Situation : Votre grand-mère vous dit : « Si j'avais su que tu prendrais autant de poids, j'aurais pris la taille au-dessus. »

Réponse : « Ouais mais ce qu'il y a de bien, quand même, c'est que les pulls moches, on peut les faire échanger avec le ticket de caisse, alors que les membres de la famille, on ne peut pas. »

Situation : Le plombier arrive avec plus de trois heures de retard, trois fois de suite.

Réponse : Quand enfin l'évier est réparé, joignez le talon de chèque quand vous lui réglez ses honoraires et écrivez dessus : « J'ESPÈRE QUE TU UTILISERAS CET ARGENT POUR T'ACHETER UNE MONTRE, DUCON. »

Quand vous devez choisir entre dire quelque chose de gentil, ne rien dire ou péter (métaphoriquement) la gueule de quelqu'un, posez-vous deux questions :

1. Y a-t-il eu provocation ? (Ou : vos valeurs ou la vérité ont-elles été attaquées de front ?)

2. Est-ce qu'une réponse non gentille de votre part vaut les conséquences potentielles de votre coup de gueule (en ce qui vous concerne) ?

Dans l'affaire m'opposant à Amelia d'Amazon, je réponds oui à la première, mais bof à la deuxième. J'ai mieux à faire. Cependant, si votre réponse aux deux questions est un « Mais ouais, grave ! » qui vient du cœur, alors mon ami, faites comme vous le sentez !

Une grande sage* a dit un jour : « On ne résout pas le mal par le mal – mais ça fait du bien, parfois, un bon clash. »

---

* C'est Karen, une copine de mon mari.

TU NE DEVRAIS PAS MANGER ÇA*

* VOUS ME METTREZ LE SUPPLÉMENT FROMAGE, S'IL VOUS PLAÎT.

Pendant plus de vingt ans, j'ai été au régime. C'était parfois un régime sain, et parfois une version extrême. Et pendant au moins un quart de cette période, j'ai alterné entre anorexie et boulimie. Au lycée, pour devenir maigre et le rester, je courais quarante kilomètres par semaine, ce qui est sans doute le truc que j'aie fait qui me ressemble le moins (en dehors de la fois où j'ai gagné un pari sportif, totalement par accident).

Mon passif avec le régime n'a rien d'unique. D'après la Neda (l'association américaine des troubles de l'alimentation), « vingt millions de femmes et dix millions d'hommes souffrent d'un trouble de l'alimentation cliniquement important à un moment de leur vie ». Sur sa page d'accueil, la Neda enfonce une porte ouverte : le facteur le plus connu du développement de ces maladies est le fait de n'être pas satisfait de son corps. On peut y lire un extrait d'une étude datant de 2011 : « Dès l'âge de six ans, les filles en particulier commencent à exprimer des inquiétudes quant à leur silhouette ou leur poids. 40 à 60 % des filles d'école primaire (âgées, donc, de six à douze ans) sont inquiètes à cause de leur poids, ou à l'idée de devenir trop grosses. Cette inquiétude perdure toute la vie. »

Alors là ! Sans déconner. Je suis. Sur. Le. Cul. Dites-moi pas que c'est pas vrai ! Qui lucru ? (Moi. Moi, je lucru. Et il y a de fortes chances pour que vous ou quelqu'un que vous connaissez lucru aussi.)

J'étais depuis longtemps dans une relation abusive avec mon corps, et en général, ce genre de truc finit plutôt mal. Mais avant que je vous raconte comment la mienne s'est terminée, voyons un peu comment elle a commencé.

Comment moi, enfant qui se fichait de savoir si son corps était idéal ou non, je suis devenue une adolescente très très peu satisfaite de son propre corps ? En dehors des « pressions culturelles à la con », il y a trois commentaires qui me reviennent à l'esprit :

> Le premier était une blague (« Eh, y a ton cul qu'est en train de bouffer ton maillot ! »). C'était peut-être parce que j'avais le maillot coincé entre les fesses et que ça faisait rire, mais c'était peut-être aussi une manière peu subtile de me signifier que mon maillot de bain devenait trop petit pour moi. **J'avais neuf ou dix ans.**
>
> Le deuxième était un compliment vache que m'a fait un copain de classe quand il m'a vue (vous l'aurez deviné) en maillot de bain. Avec l'air assez sincère, il m'a dit : « Eh, mais t'es pas aussi grosse que je le pensais. » **J'avais onze ou douze ans.**
>
> Le troisième m'a été adressé alors que je venais de perdre vingt kilos et trois tailles. J'avais égayé mes longs cheveux noirs d'une frange, et quelqu'un a dit : « Vous trouvez pas qu'elle ressemble à Karen Carpenter* ? » À quoi quelqu'un d'autre a répondu : « Si, AVANT qu'elle devienne anorexique. » Ce que j'ai entendu, c'est « avant qu'elle devienne mince ». Et comme j'étais bel et bien devenue anorexique pour perdre tout ce poids, mais que je n'étais apparemment pas assez mince pour avoir l'air anorexique, j'étais perdue. Est-ce que c'était un com-

* Karen Carpenter est une chanteuse et batteuse américaine, décédée prématurément à cause de son anorexie. Elle avait un peu moins de 33 ans (N.d.T.).

pliment ? Je n'en avais pas l'impression. **J'avais presque quatorze ans.**

Pour les besoins de ce chapitre, j'ai fait quelques recherches sur le poids de Karen Carpenter, célèbre chanteuse des Carpenters, à différents moments de sa vie. J'ai appris qu'elle mesurait un mètre cinquante-huit et qu'avant de commencer son régime, à seize ans environ, elle pesait soixante-six kilos, ce qui équivaut à peu près à mon poids avant que je me lance dans mon premier régime à treize ans. Après avoir commencé son régime (ce qu'elle raconte avoir fait pour être plus belle dans ses habits de scène), elle est descendue au poids raisonnablement sain de cinquante-quatre kilos, qu'elle est parvenue à conserver plusieurs années avant de tomber gravement malade et de perdre des kilos par dizaines.

Quand on m'a dit que je ressemblais (encore une fois, selon ma propre interprétation) à Karen Carpenter avant son anorexie, lorsqu'elle était encore grosse et pesait encore entre cinquante-quatre et soixante-six kilos, *je pesais quarante-quatre kilos*.

Tu m'étonnes, que j'étais déboussolée.

Notre société a pour habitude d'évaluer les gens selon leur apparence, et de les dénigrer quand leur physique ne correspond pas à un « idéal » préalablement fixé. Cet idéal varie d'une culture à l'autre, mais en général, pour être célébré pour sa silhouette, il faut tout mettre en œuvre pour rejoindre une portion de la population aussi étriquée et impitoyable que le pantalon en cuir que Ross a essayé d'adopter dans l'épisode de *Friends* sur les bonnes résolutions du nouvel an.

C'est ça, le pire, dans cette histoire. En matière de problématiques de rapport au corps, ce n'est pas comme s'il suffisait d'appartenir à la catégorie dans laquelle se placent « la plupart des gens ». **Quand on parle de silhouette, être dans la *moyenne*, ce n'est même pas assez bien.**

C'EST QUOI. CE MONDE. DE FOUS.

Malheureusement, vous ne pouvez pas contrôler le matraquage médiatique de la silhouette idéale. Vous ne pouvez pas prendre le pouvoir sur le cerveau et la langue des gens qui lancent des commentaires irréfléchis ou cruels sur votre corps et qui par conséquent vous mettent mal à l'aise ou vous poussent à développer des troubles de l'alimentation et courir quarante kilomètres par semaine même si vous détestez courir autant que le Big Lebowski déteste les Eagles, man.

Et donc je vous le répète : **il faut vous accepter, ou vous risquez de vous bousiller.**

Tout ça c'est dans la tête – pas dans les hanches

Comment donc parvient-on à s'accepter, et à accepter son corps ? Déjà, me laisser vous regonfler les chevilles constitue un bon début. Et je le fais depuis la page 13. Se rappeler que l'on va tous mourir – et peut-être demain – est aussi une bonne technique. Vous pourriez aussi faire un régime, mais ce n'est pas un livre de régime, alors je ne peux pas vous venir en aide sur ce point.

Mais je peux vous être utile différemment : je peux vous aider à apprendre à laisser les critiques des autres vous passer au-dessus de la tête (et vos névroses aussi).

Petit éclaircissement : je ne prétends pas que personne n'a besoin de perdre (ou de prendre) du poids pour résoudre certains problèmes de santé qui sont indépendants des problèmes de confiance en soi (mais pas incompatibles). Je ne dis pas non plus qu'il ne faut pas faire attention à ce qu'on mange ou à son apparence SI C'EST UNE SOURCE DE JOIE. Allez-y, faites votre cure de trente jours et vos planches latérales si ça vous rend heureux. Vous faites comme vous le sentez !

Je veux juste que vous sachiez (si ça vous intéresse) qu'**il existe une autre manière de s'accepter soi-même sans se priver, ni compter les calories, ni faire du vélo d'appartement, ni se dénigrer soi-même.**

Alors, ça vous intéresse ?

D'accord, écoutez, rien ne vous oblige à décider maintenant. Ce chapitre sera là pour vous quand le moment sera venu – si ce moment arrive un jour. Mais de façon purement hypothétique, disons que si vous avez quelques soucis dans votre rapport à votre corps, alors au moins l'une des phrases suivantes s'applique à vous :

- Vous êtes en surpoids ou en sous-poids selon certaines normes. **Ce n'est pas un problème.**

- Vous avez un IMC idéal mais votre masse est localisée dans des régions de votre corps qui vous gênent. Ou peut-être qu'il y a quelque chose d'autre que vous n'aimez pas dans votre apparence – ce genre de problématiques ne se limite pas au poids. **Tout ça, c'est dans nos cordes.**

- Vous semblez parfaitement « idéal », même aux juges les plus critiques, mais vous ne le voyez tout simplement pas quand vous vous regardez dans la glace. **Ce chapitre, mon ami, est fait pour vous.**

Attachez vos ceintures. Paré au décollage ? Voici ce que j'ai à dire sur les trois scénarios que nous venons d'énumérer.

- Si vous êtes en surpoids ou en sous-poids, vous pouvez vous acharner à en perdre ou à en gagner, mais il n'en demeure pas moins que cette société est pourrie et que les gens sont des connards. Vous pensez vraiment que vous pouvez atteindre l'idéal des magazines, que vous soyez un homme ou une femme ? C'est assez peu probable. Et si vous y parvenez, vous pensez vraiment que les connards ne trouveront pas une autre manière de critiquer votre apparence ? C'est encore moins probable.

- Si vous avez une imperfection physique contre laquelle vous ne pouvez pas grand-chose – et la personne qui vous parle a un jour dit à voix haute à son mec : « Si je pouvais faire une seule opération de chirurgie esthétique sans douleur ni conséquences néfastes, je me ferais affiner les chevilles –, vos possibilités sont limitées. Mais vous pouvez l'accepter. (Ou amputer.)

- Et si vous vous sentez mal dans votre corps pour des raisons qui vous échappent et que personne ne comprend, alors le problème, ce n'est pas votre corps, je me trompe ? Tout ça, c'est dans votre tête – et vous avez de la chance, c'est ma spécialité.

Une solution bien sympa à tous ces problèmes, c'est – vous avez deviné – la rénovation mentale. **Un bon vieux feng shui avec option « et puis merde on s'en tape ! ».**

La rénovation mentale peut aider *quiconque* se sent mal dans son corps pour n'importe quelle raison : trop gros, trop maigre, genoux trop cagneux, nichons trop gros ou trop petits, poitrine trop étroite, cuisses trop larges, menton trop proéminent, et j'en passe.

Mais comment ça marche ?

Il ne s'agit pas de vous faire changer de corps, mais de vous faire changer d'avis.

Et pour ce qui est d'utiliser la rénovation mentale pour faire la paix avec son propre corps, je ne suis pas seulement l'anti-gourou, je suis aussi le cobaye.

Voici comment je m'y suis prise :

> **La pression sociétale, c'est comme un système électrique défectueux dans votre maison. Vous ne pouvez pas vous en défaire complètement, mais vous pouvez le réparer et le câbler différemment.** J'ai accepté que je n'aurais jamais un physique « idéal » selon les normes culturelles de mon emplacement géographique et de mon époque. C'est juste que mes os et mes muscles ne sont pas conçus pour. J'ai compris que ça ne valait pas le coup que je sois dure avec moi-même pour un kilo ou pour dix : j'avais mieux à faire de mon temps et de mon énergie physique et émotionnelle. J'ai intégré que ma valeur en tant que femme, épouse, amie, collègue, habituée des plages ou être humain ne se mesurait pas à l'aune d'un chiffre sur la balance ou d'une lettre sur l'étiquette de mon bas de Bikini. Certaines de mes appliques vacillent encore parfois quand le circuit est en surtension, mais dans l'ensemble, tout va beaucoup mieux.
>
> **Les souvenirs de saloperies que les gens ont pu dire sur vous sont comme des photos peu flatteuses que vous n'exposeriez jamais encadrées sur votre mur.** J'ai pensé à tous les commentaires involontairement ou volontairement désobligeants qui ont jadis été proférés sur mon corps, et j'ai décidé qu'ils ne méritaient pas la place d'honneur sur mes étagères mentales. Je les ai donc foutus dans un carton, lui-même relégué au fond

de mon placard mental, et la seule raison pour laquelle je les ai ressortis et dépoussiérés aujourd'hui dans *Fais comme tu le sens*, c'est pour vous montrer comment on s'y prend.

J'ai appris comment accepter un putain de compliment une fois de temps en temps. Aujourd'hui, ces compliments sont encadrés et exposés à la vue de tous, là où autrefois, les remarques dégueulasses régnaient en maître. Et je vous jure que ça égaye mon salon. C'est vrai que je suis *assez douée* pour me maquiller les yeux, c'est gentil de me le faire remarquer.

C'est comme cela que, lentement mais sûrement, j'ai rénové mon espace mental – sans avoir parlé de « rénovation mentale » à l'époque, parce que je n'étais pas encore une anti-gourou des plus distinguées. Je parlais de « lente prise de conscience émergeant du fait que si je n'arrête pas de me foutre la vie en l'air avec mon poids et ma silhouette, je risque de mourir d'un arrêt cardiaque à trente ans à peine, et/ou de ne jamais vivre une seule journée d'insouciance et de bonheur complets dans toute ma putain de *vie.* »

On peut aussi plus simplement déclarer que **l'esprit prévaut sur la matière**, parce qu'au bout du compte, c'est bien de cela qu'il s'agit.

C'est un peu ce que j'ai essayé de vous dire tout au long de ce livre : **faites-le vous-même, parce que personne ne le fera à votre place – et personne ne peut le faire à votre place, de toute façon.** De la même manière que personne ne fera vos abdos à votre place, ou ne se tapera votre cure de jus de fruits à votre place, vous êtes le seul à pouvoir entrer dans votre tête pour la rééquiper en confiance en soi.

À toutes les périodes de ma vie, que j'aie été grosse, mince ou malade, je ne me suis jamais *sentie* belle tant que je ne m'étais pas acceptée telle que je suis, avec mes défauts et tout – alors que j'ai toujours eu la chance d'avoir dans ma vie quelqu'un pour me dire que je l'étais.

La confiance en soi naît de l'acceptation de soi.

Et la confiance en soi, c'est tout ce dont on a besoin. Pas seulement pour afficher fièrement ces genoux cagneux, ou ces cuisses totalement banales dans un short court, mais aussi pour être étrange, pour faire des choix peu conventionnels, pour emmerder la perfection, pour faire votre vie à votre façon, et prendre les décisions qui correspondent le mieux à VOTRE personnalité et à VOTRE vie.

Par exemple, quand vous choisirez la pizza que vous commanderez ce soir.

(Blague à part, je ne sais pas laquelle choisir, les copains. J'y ai pensé toute la journée. Est-ce que je vais choisir ma dernière obsession, pepperoni et piments banane ? Ou une base crémeuse à la ricotta, avec une touche de miel et un soupçon d'origan ? Une classique new-yorkaise aux quatre fromages, ou une Margherita, avec sa mozza fraîche et crémeuse, et une belle poignée de feuilles de basilic ? Hum… Sans doute pas la dernière. Le basilic me reste collé sous le palais – c'est comme essayer de mâcher un pansement aromatisé.)

Mais quel que soit mon choix, je peux vous dire une chose : je vais en profiter un max, je ne mettrai pas un pied sur la balance demain matin pour calculer les conséquences de la pizza, et je ne vais pas me punir pendant des jours ou des semaines à cause d'un dîner parfaitement normal qui ne change absolument rien à qui je suis ou à la manière dont je mérite d'être traitée – par moi-même ou par quiconque.

Le monde nous punit bien assez comme ça sous prétexte qu'on mange, qu'on boit, qu'on grossit, qu'on maigrit, alors merci bien. Je m'autoflagellerai quand j'aurai une raison valable de le faire. Quand, par exemple, j'oublierai ENCORE de demander qu'on me mette les flocons de poivrons rouges sur le côté.

Chiotte.

NE SOIS PAS ÉGOCENTRIQUE À CE POINT !*

* PRENDS SOIN DE LE GARDER BIEN GONFLÉ, TON EGO, PLUTÔT.

Après avoir reçu ma première promotion d'envergure dans ma carrière d'éditrice, je me suis sentie anormalement désarmée. Cela faisait quatre ans que j'occupais mon poste précédent, je pouvais tout faire les yeux fermés. Cette promotion s'accompagnait de bien plus d'autonomie et de responsabilités. J'allais enfin avoir la possibilité d'être casse-couilles en mon propre nom, et ça, c'était excitant, mais aussi ultra-stressant.

Et si ce n'était que de la gueule ? Et si j'avais tort d'avoir confiance en moi à ce point ? Et si, une fois appelée dans la cour des grands, il s'avérait que je n'étais pas taillée pour le job ?

Quand c'est arrivé à l'automne 2005, j'avais vingt-cinq ans et j'essayais d'impressionner mes nouveaux patrons, qui avaient sélectionné une éditrice plutôt jeune pour les rejoindre et lancer une nouvelle collection. J'embauchais un assistant pour la première fois (quelqu'un d'à peine plus jeune que moi), ce qui me donnait un peu l'impression d'être un imposteur. *J'étais qui, pour commander à des subalternes ?* Et après quelques semaines seulement, j'avais déjà essuyé une ou deux prises de bec avec une nouvelle collègue qui était, pour le dire gentiment, un cas.

En fait, on peut dire que parmi les cinq choses les plus révoltantes qu'on m'ait dites dans ma vie, cette personne en a prononcé deux – l'une d'entre elles étant à l'origine même de ce chapitre. Alors MERCI à toi, [NOM CAVIARDÉ] !*

---

* Et si un jour on se croise au coin d'un bar, n'hésitez pas à me demander de vous répéter l'autre crasse qu'elle m'a sortie. C'est un bijou.

Tape-m'en cinq, copine

Cela faisait environ un mois que j'avais eu ma promotion, quand il a fallu que je fasse ma première présentation formelle majeure, avec d'autres éditeurs. J'avais passé beaucoup de temps à rédiger et répéter le baratin que j'avais préparé pour chaque livre dont j'étais responsable. Je savais que j'avais la chance d'être à l'aise pour intervenir en public (la famille Knight a une devise, et cette devise est : « Sois une star ou file au plumard »), alors de toutes les conneries qui me faisaient flipper à l'époque, celle-là était tout en bas de la liste.

Après la réunion, qui s'était effectivement bien passée, j'étais dans mon bureau, pour souffler et passer mes notes en revue. (Détail pertinent : mon bureau faisait approximativement la taille d'un garde-meuble, du genre que Dexter utiliserait pour débiter des corps. Alors quand quelqu'un venait se poser dans l'embrasure de la porte pour me parler, je me sentais piégée, à tous les coups. Quand [NOM CAVIARDÉ] est apparue à cet endroit-là, mon instinct me disait à hauts cris que quelque chose clochait.)

Ce jour-là, [NOM CAVIARDÉ] traînait sur le seuil de ma petite porte, et m'a demandé, l'air de rien, comment s'était passée ma présentation aux commerciaux.

« Oh, ai-je répondu, mise en confiance par cet étalage de cordialité mondaine. Très bien, merci. Je me débrouille plutôt bien pour parler en public, alors bon. Je n'étais pas très inquiète. Et pour toi, comment ça s'est passé ? »

À ce moment-là, [NOM CAVIARDÉ] a tiré une tronche comme si je venais de lui dire que le temps se répète à l'infini, et rétorqué : « Ben moi, j'irais pas jusqu'à *me jeter des fleurs.* » Puis elle a tourné les talons d'un coup et s'est enfuie dans le couloir d'un pas raide.

J'irais pas jusqu'à me jeter des fleurs ? *Mais qu'est-ce que c'est censé vouloir dire ?*

De nouveau seule dans mon bureau/garde-meuble, j'ai passé le reste de l'après-midi à me demander si j'avais tenu des propos déplacés, ou si je m'étais vantée un peu trop bruyamment. Je me posais sincèrement la question. Mais merde, ce n'était pas comme si j'avais sauté de ma chaise et fait semblant de boxer un adversaire imaginaire en exerçant mon jeu de jambes autour de mon bureau et en criant « Je ne suis pas la championne, je suis deux fois la championne ! Non seulement je les mets K.-O., mais je choisis dans quel round ! »*

(Même si à bien y réfléchir, ça aurait tout déchiré.)

En fait, j'avais fait en sorte de ne pas répondre à la question de [NOM CAVIARDÉ] d'une façon qui sonnait trop autosatisfaite. Mais voilà, comme je vous l'ai dit, j'ai la chance d'avoir gagné au loto de la génétique, au sens où je sais bavasser pendant dix minutes devant un public de fans de bouquins. Mais c'est pas un truc de dingue, c'est pas une raison pour me sauter à la gorge, espèce de harpie lunatique.

Plus j'y réfléchissais, plus j'étais remontée. Parce qu'en réalité, cette présentation réussie, c'était plus que de la chance. Elle était aussi le fruit d'une bonne organisation, de beaucoup de préparation, de la mise en œuvre de certaines compétences et, oui, de confiance en soi. Alors si vous me demandez comment ça s'est passé, pourquoi devrais-je vous cacher que j'ai assuré grave ?

Pourquoi quiconque devrait-il **s'en vouloir** d'avoir confiance en soi ?

* « I'm not the greatest; I'm the double greatest! Not only do I knock'em out, I pick the round! » est une déclaration prononcée par Mohammed Ali en 1963, à la suite de sa première victoire londonienne contre Henry Cooper, champion de Grande-Bretagne dans la catégorie des poids lourds (N.d.T.).

Lâche-moi l'ego

Tout comme « égoïste » ou « pessimiste », le mot « ego » véhicule des connotations défavorables, et nous savons tous les deux que quand on dit de quelqu'un qu'il en a un gros, on ne lui fait pas un compliment. C'est toujours perçu comme l'accusation d'avoir trop confiance en soi, que cette confiance soit justifiée ou non.

Alors – et partant du principe que vous n'êtes pas l'incompétent et prétentieux commandant en chef de l'armée la plus puissante du monde, balançant votre minuscule doigt au-dessus d'une gâchette nucléaire –, j'aimerais utiliser les derniers paragraphes du dernier chapitre de *Fais comme tu le sens* pour vous détromper sur le fait qu'un ego de taille moyenne soit une preuve de vertu.

Car ce n'est pas le cas.

Une saine estime de soi n'est pas un défaut, et la confiance en soi est la plus grande force que vous puissiez cultiver. C'est dans votre ego que se trouve votre confiance en vous. Idéalement, il faudrait qu'il soit aussi grand qu'une piscine olympique, et que son contenu soit aussi robuste que les avant-bras d'un bûcheron suédois.

Et si ça pose problème à quelqu'un, vous pouvez lui indiquer le parking longue durée où il peut aller garer son opinion, là-bas, juste derrière son complexe d'infériorité.

Malheureusement, comme d'habitude, les frais engagés ne seront pas couverts.

Je vous avais promis de vous regonfler l'ego

Alors les amis, j'espère que vous avez bien intégré **l'importance de l'acceptation de soi**, et choisi quelques stratégies pertinentes pour l'obtenir. J'espère que vous avez compris les avantages de **la confiance en soi** dans vos actions, et appris à la maîtriser même dans des circonstances difficiles.

Et j'espère que vous êtes prêt à vous lancer dans le grand bain et faire comme vous le sentez.

Mais avant d'achever l'épilogue promis juste au-dessus, je souhaite vous donner cinq raisons de plus de vous sentir bien dans vos bottes et de chercher à obtenir tout ce que vous voulez, tout ce dont vous avez besoin, et tout ce que vous méritez dans la vie. Parce que vous êtes quelqu'un de bien, vous êtes assez malin pour y parvenir, et bordel, si les gens ne vous comprennent pas ou ne vous aiment pas, c'est leur problème, pas le vôtre.

CINQ RAISONS DE VOUS SENTIR BIEN DANS VOS BASKETS

1. Vous ne renoncez pas quand tout porte à penser que le destin s'acharne sur vous. Non, vous cherchez à améliorer votre situation. Bien joué.
2. Votre famille et vos amis comptent pour vous. Sinon, vous ne seriez pas allé à la librairie chercher un livre pour vous aider à vivre avec leurs conneries.
3. Vous avez beaucoup à offrir. Je le sais, car vous avez consacré un temps précieux à la lecture de ce livre. Et jusqu'à vingt-cinq unités de votre monnaie, selon l'édition que vous avez achetée.
4. Vous avez presque fini de lire un livre entier. Félicitations pour votre non-illettrisme ou, dans le cas d'un livre audio, pour votre maîtrise du fonctionnement d'un iPhone ou d'un autoradio. Rien n'est hors de votre portée !
5. Vous n'êtes pas encore mort.

ÉPILOGUE

C'est vrai que, ces derniers temps, les choses se passent plutôt bien pour moi. Mais il y a toujours au fond de moi une enfant vulnérable qui se rappelle ce que c'est que de se faire embêter pour les qualités mêmes qui, un jour, seraient responsables de ses plus grandes réussites (en plus de se faire embêter à cause de cet immonde appareil dentaire qui a jeté un froid sur le début de son adolescence).

Cette enfant vit aux côtés d'une étudiante qui s'est épuisée et parfois avilie pour rattraper le temps perdu, d'une jeune femme qui n'était pas assez à l'aise au travail pour y être elle-même, et d'une trentenaire dont l'angoisse d'avoir fait les « bons » choix en matière de look, d'actions, de carrière et de vie l'a presque démolie.

Quand j'ai commencé à écrire ce livre, j'étais motivée par le désir de prendre la parole pour les gens comme moi, le désir de les aider, ceux qui, à n'importe quel moment de leur vie, ont été poussés à croire qu'il y avait quelque chose qui clochait chez eux, alors que vraiment, ce n'était pas le cas.

Si vous évoluez en dehors des normes sociales, mon objectif était de vous soutenir, plutôt que de vous mettre entre les mains un livre qui vous exhorte à vous y conformer, comme beaucoup de livres de développement personnel le font malheureusement : *Comment devenir riche ! Comment devenir mince ! Comment avoir l'air normal !* J'ai voulu démontrer que rien ne vous oblige à changer qui vous êtes – physiquement, intellectuellement, vestimentairement ou autre – pour vous accepter vous-même et vous épanouir. J'ai cherché à tous nous unir contre tous les Jugiens de la Jugeance qui sont infoutus de voir par-delà leurs propres complexes pour traiter les autres avec respect.

Mais à mesure que j'écrivais ce livre, je me suis rendu compte d'une chose, qui a changé la manière dont je me perçois et dont je perçois le monde, peut-être plus encore que les sagesses peu conventionnelles que je vous dispense depuis quelque temps.

Je me suis rendu compte que nous étions tous des Jugiens de la Jugeance.

Même moi.

Par exemple, je ne comprends pas comment on peut laisser la crasse s'accumuler chez soi, et les toiles d'araignée pousser dans les coins. Quand je vois ce genre de trucs, j'ai envie de m'arracher les cheveux (ou sortir des chiffons à poussière de ma manche comme le ferait mon alter ego, un clown excessivement ordonné du nom de Mister Swiffer).

Et puis je ne comprends pas comment on peut parler très sérieusement du cours de kung-fu de son enfant de trois ans pendant vingt minutes. Par conséquent, j'ai bien peur d'avoir été incapable de ne pas interrompre un monologue de ce genre par des commentaires narquois.

Et je ne comprends *vraiment* pas pourquoi un être humain pourrait avoir envie de partager son lit avec un chien. C'est au-dessus de mes forces, en matière de compréhension. Les chiens. Mangent. Leur propre. Caca.

Apparemment, même si je me pensais la plus tolérante du monde sur la manière dont les gens font ce qui leur chante au quotidien, je conserve des préjugés et profère des jugements sur ceux qui ne fonctionnent pas de la même manière que moi. Et souvent, je ne peux pas m'empêcher de le leur faire remarquer.

Alors, afin de mettre en pratique les sagesses que je prêche, cela fait quelques mois que j'ai redoublé d'efforts pour ne pas porter de jugements hâtifs – ou au moins pour les garder pour moi quand je ne peux pas m'empêcher de critiquer, dans ma tête, les choix d'une personne (et, évidemment, pour ne pas sortir mon dépoussiérant portatif à tout va). Et j'ai appris que c'est TRÈS DIFFICILE de ne pas laisser ces microjugements m'échapper subrepticement. Je n'arrête pas de me prendre en flagrant délit, ces jours-ci. Que ce soit juste avant de l'ouvrir, ou, malheureusement, *alors que* je suis déjà en train d'émettre une critique.

Avant cette petite épiphanie, j'ai toujours cru que j'aidais les gens quand je leur faisais remarquer (même en plaisantant, car c'est toujours comme ça que je procède) que leur façon de vivre ne correspondait pas à ma propre façon de faire, qui est *clairement la bonne*, et qui *surpasse la leur* sans le moindre doute. J'essayais juste de les guider vers un meilleur chemin. On n'allait quand même pas me le reprocher !

Bien bien. Où est-ce que j'ai lu ça, déjà ? Ah oui, à la page 182 de ce sacré bouquin :

> Clairement, elle pensait qu'elle me faisait une faveur – tout comme les gens qui me disent que je regretterai de ne pas avoir d'enfants pensent qu'ils font ça pour mon bien, pour me sauver de moi-même. Mais la plupart d'entre nous n'avons pas besoin d'être sauvés. Nous avons juste besoin de la permission d'être nous-mêmes.

Tiens tiens, on dirait bien que ce qui débutait comme un manifeste rebelle sur **l'acceptation de soi et la confiance en soi** a pris un virage que même son auteure n'a pas su anticiper. ***Fais comme tu le sens*, c'est aussi accepter les autres tels qu'*ils* sont, et agir avec respect à leur égard.**

C'est une astuce assez cool, si même l'auteure le dit.

Et écoutez-moi bien : Prendre soin de ne pas « dénigrer » les autres, même de façon très minime, a fait de moi quelqu'un de plus calme et de plus heureux. Tourner sept fois sa langue dans sa bouche avant de porter un jugement sur quelqu'un m'a débarrassée d'un fardeau d'antagonisme inné dont je ne m'étais même pas rendu compte que je le trimballais. (Et une astuce de plus !). Et refuser de réagir à ce brouhaha dans ma tête a fait diminuer le nombre de frictions inutiles qui émergent entre moi et les gens que j'aime et que je respecte.

Je crois qu'on tient un triplé d'astuces trop cool.

Pourtant, sans le moins du monde dénigrer ces trois cents pages de promesses et d'enseignements, je n'ai pas changé QUI JE SUIS. Ce n'est pas comme si je m'étais forcée à accepter la poussière sur ma vaisselle et les poils de chien sur mon oreiller comme mon nouveau mode de vie. En ce qui me concerne, c'est niet. J'essaye juste de changer la manière dont je réagis à ceux qui vivent ainsi, à ce qui n'est autre que l'expression parfaitement normale et légitime de leur personnalité.

Et cela, mes amis, contredit un autre élément de ce livre, à savoir que les Jugiens de la Jugeance ne changeront jamais. Apparemment, moi, j'ai réussi ! Peut-être que vous aurez la gentillesse de laisser une copie de ce livre devant la porte de votre Jugien préféré, quand vous aurez fini de le lire ?

Ce que j'essaye de vous dire, mes chatons, c'est qu'au bout du compte, on a tous nos trucs à nous. On a tous nos complexes, on est tous différents, et puis à la fin, tout le monde meurt. Mais entre-temps, la vie pourrait être carrément meilleure si vous commenciez à regarder en vous-même, et que vous arrêtiez de vous exciter sur ce que font machin et machin.

Faites comme vous le sentez, et tout va bien se passer.

Ah oui, et gardez bien ÇA à l'esprit :

SI TU NE
FAIS PAS
COMME TU
LE SENS,

T'ES FOUTU.

Remerciements

Fais comme tu le sens est peut-être un hommage à l'indépendance et à l'individualité, mais il n'aurait jamais vu le jour sans le travail acharné, l'aide et les séances de regonflage d'ego dispensés par les personnes suivantes :

Jennifer Joel cherche toujours à m'obtenir le meilleur (comme si je ne le faisais pas déjà moi-même suffisamment), et je la considère comme irremplaçable. Avec elle, le fait d'être « casse-couilles » n'est pas un problème. C'est facile, mignon, et stylé. Elle n'est pas seulement mon agent, elle est mon héros.

Cela fait maintenant trois livres que Michael Szczerban me laisse faire comme je le sens, mais ses remarques pertinentes, ses questions utiles et quelques-unes de ses blagues hilarantes m'ont permis d'obtenir un meilleur résultat que je ne l'aurais espéré. C'est mon gentil petit ravioli.

Ses collègues de chez Little, Brown – parmi lesquels, entre autres, Ben Allen, Reagan Arthur, Ira Boudah, Amanda Brown, Sabrina Callahan, Nicky Guerreiro, Lauren Harms, Andy LeCount, Nel Malikova, Katherine Meyers, Lauren Passell, Barbara Perris, Lauren Velasquez, et Craig Young – continuent de faire briller la flamme du j'en ai rien à foutre. Merci les amis ! Si vraiment il faut que je joue en équipe, je suis contente que ce soit la vôtre.

Natasha Hodgson de chez Quercus Books a été la première personne à exprimer son enthousiasme pour *Fais comme tu le sens*, et je les remercie, elle et ses collègues – Bethan Ferguson, Charlotte Fry, Elizabeth Masters et Laura McKerrell – d'avoir soutenu chacun de mes livres depuis toutes ces années avec une inventivité sans pareil. Jane Sturrock, maintenant de retour avec 100 % de Sophie en plus, est l'ingrédient indispensable à toute section de remerciements qui se respecte.

Je remercie également ma *dream team* personnelle : Sharon Green, Lindsay Samakow et Nic Vivas de chez ICM, Lisa Cahn de chez Hachette Audio, Callum Plews, Gavin Skal et Audiomedia Production, ainsi que tous les lecteurs, partout dans le monde, qui ont réclamé un troisième opus. (Spéciale dédicace à la Pologne, au fait. Vous m'avez donné tellement d'amour sur Instagram !)

À mes parents : merci de m'avoir instillé les bonnes valeurs et de m'avoir dotée d'une solide boussole morale, en dépit de ce qu'en penserait Amelia d'Amazon. Et merci de ne pas m'avoir étouffée avec ma couverture. Je me rappelle la fois où je n'ai pas cessé de crier jusqu'à ce que Papa se coltine à nouveau la moitié du chemin jusqu'à Camden pour me la récupérer, et cette soirée-là, à elle toute seule, a dû être très tentante.

Enfin, la plus grosse part de ma grande pizza fromage-gratitude revient à mon mari, Judd Harris, qui s'assure que je sois constamment bien nourrie, que j'aie toutes mes heures de sommeil, et que je reçoive bien ma dose de Spritz à heures fixes. Il est un non-conformiste profondément étrange et contrariant, et c'est exactement pour ça que je l'aime.

À propos de l'auteure

Le premier livre de Sarah Knight, *La magie du «J'en ai rien à foutre !»*, été traduit dans vingt-quatre langues, et son intervention TEDx, « The Magic of Not Giving a Fuck », comptabilise plus de trois millions de vues à l'heure où nous imprimons. Son deuxième livre, *Arrête de déconner !*, est un best-seller du *New York Times*. On a pu lire Sarah également dans *Glamour*, *Harper's Bazaar*, *Marie-Claire*, *Red*, *Refinery29*, et ailleurs.

Après avoir démissionné de son poste en entreprise en 2015 et s'être mise à son compte, Sarah a quitté Brooklyn pour s'installer en République dominicaine.

Vous pouvez suivre Sarah sur sarahknightauthor.com, Twitter et Instagram où elle sévit sous le pseudo @MCSnugz, ou vous inscrire à sa newsletter via tinyletter.com/sarahknight.

Imprimé en Italie par Grafica Veneta
pour le compte des éditions Marabout (Hachette Livre)
58, rue Jean- Bleuzen, 92178 Vanves Cedex
Achevé d'imprimer en avril 2018

ISBN : 978-2-501-12908-4
7566494
Dépôt légal : avril 2018